MANAGER SCIENCE

管理者学激励

让员工自己跑起来

杨光瑶◎编著

中国铁道出版社

CHINA RAILWAY PUBLISHING HOUSE

内 容 简 介

本书是一本全面介绍中小公司员工激励相关知识的综合性书籍，书中对中小公司在员工激励过程中可能采用的方式作了详细介绍。

全书共 10 章，主要包括三部分内容：第一部分介绍有关激励的基础知识；第二部分介绍多种常见的激励方式，如薪酬激励、绩效考核激励、目标激励和晋升激励等；第三部分介绍三种其他类型的激励方式，包括赞美激励、参与激励和挫折激励。

本书针对的读者主要是中小公司管理者及其他对员工激励有需求的职场人士。在讲解过程中，本书偏重具体实施流程和真实案例的介绍，因此对于读者来说实操性和可用性都很强。

图书在版编目（CIP）数据

管理者学激励：让员工自己跑起来/杨光瑶编著.—北京：
中国铁道出版社，2019.1
　ISBN 978-7-113-24702-7

Ⅰ.①管… Ⅱ.①杨… Ⅲ.①企业管理-人事管理-激励
Ⅳ.①F272.923

中国版本图书馆CIP数据核字(2018)第153350号

书　　名：管理者学激励：让员工自己跑起来	
作　　者：杨光瑶　编著	
责任编辑：吕　芰	读者热线电话：010-63560056
责任印制：赵星辰	封面设计：MXK DESIGN STUDIO

出版发行：中国铁道出版社（100054，北京市西城区右安门西街 8 号）

印　　刷：三河市兴达印务有限公司

版　　次：2019 年 1 月第 1 版　　2019 年 1 月第 1 次印刷

开　　本：700 mm×1 000 mm　1/16　印张：17.5　字数：200 千

书　　号：ISBN 978-7-113-24702-7

定　　价：49.00 元

前 言

如何有效地进行公司管理是目前大多数中小公司管理人员面临的难题，此难题不能解决的主要原因之一，是没有对员工进行有效激励，没有充分认识到员工激励对于公司管理的重要作用。

大多数中小公司管理者不能对员工进行有效激励的原因，一般有两类：一类是公司成立不久，管理者缺乏管理经验，市场观念和敏感度不强，不能正确认识员工激励对于公司管理和发展的重要性，因此也就没有采取任何激励措施；另一类是公司成立时间较长，管理者虽有员工激励意识，但找不到有效的激励方法，导致激励的效果不明显甚至没有效果，白白浪费公司资源。

本书就是为了满足职场人士对于员工激励相关知识的需求而编写的，它不仅可以帮助管理者树立正确的员工激励观念，更提供了切实可行的多种激励方法，从而可指导公司管理者按图索骥般地寻找到适合自己公司的激励方案，让员工自觉自发地主动工作，帮助公司良性运营和发展。

本书包括 10 章内容，具体章节的内容如下所示。

◎ 第 1 章

　　该部分内容主要讲解员工激励的相关基础知识，让公司管理者对激励有基本的了解，为树立正确的员工激励理念打下良好基础。

◎ 第 2 ～ 9 章

　　该部分内容主要讲解一些常见的激励方式，共 10 种。其中重点讲解薪酬激励、绩效考核激励、目标激励和晋升激励的相关内容。

◎ 第 10 章

　　该部分内容主要讲解除了常见的激励方式之外的一些其他激励方式，包括赞美激励、参与激励和挫折激励，是对第 2 ～ 9 章内容的补充。

　　本书语言通俗，全书实操性比较强，运用起来也比较方便。书中的每一章内容都对应一种或多种激励方式，每种激励方式的具体介绍侧重于实施流程以及案例的讲解。对于每种激励方式，读者都可以参照流程按步骤操作，案例的穿插也有利于读者参照执行，根据案例结合公司自身情况进行激励方式的选择和实施。根据涉及的内容，本书的读者群定位为中小公司的管理者以及打算进行创业或从事员工管理工作的相关职场人士，另外，想学习员工激励的人士也可以参阅本书。

　　最后，希望所有读者都能够从本书中获益，能够将书中内容运用到实际中并产生切实有效的作用。由于编者能力有限，本书内容中不完善的地方希望获得读者的指正。

编　者

目 录

C O N T E N T S

第 1 章　关于激励：我们需要激励的原因

　　激励是激发人的行为的心理过程。在管理学中，激励是指公司管理者通过各种手段激发员工积极性和创造力的过程。激励是公司管理的手段，也是员工进行自我提升的重要原因。

第2章 薪酬激励：最基本的激励方式

企业员工激励的方式多样，薪酬激励不是唯一的，可能也不是最好的激励方式，但它一定是运用最广的。一个行之有效的薪酬激励对企业和员工来说都具有重大的正面意义。

第3章 绩效考核激励：给员工适当的考核压力

绩效考核是目前运用最广泛的激励方式之一。适度的绩效考核，不仅可以使员工在当前状态下提高自己，也使得公司可以通过员工能力的提高和技能的熟练获得更多效益。

第 4 章　目标激励：用目标指引前进方向

公司经营需要公司战略目标的指导，员工的发展和进步也需要目标来激励。个人目标的设置可以使得员工更有目的性和针对性地提高自己，从而更有效地为公司创造效益。

第 5 章 晋升激励：晋升对职业生涯至关重要

想要获得晋升机会是每位公司员工在其岗位上努力工作的最大原因和动力，这也是公司管理者进行晋升激励能够成功的重要保证，两者之间相辅相成。

第6章 培训与榜样激励：学无止境

学习使人进步。每个人的能力都是通过不断的自我学习和向他人学习而逐渐提高的。因此怎样激发员工的学习热情，引导员工从哪些方面学习也是公司管理者需要学习的内容。

第7章 惩罚和危机激励：不可忽视的负向激励

在受到威胁的状态下，人的能力往往能够得到超常发挥。公司管理者能给予员工的最大"威胁"，惩罚和危机激励的效果，不一定亚于正面激励的效果。

第8章　股权激励：将公司和员工捆绑在一起

股权激励是一种新兴的员工激励方式，它是一项长期激励措施，通过给予激励对象部分股权的方式将员工和公司结成利益共同体，实现公司的长期激励目标。

第 9 章 软性激励：重视感性的力量

前面所述内容更多是教公司管理者如何从物质的角度来对员工进行激励，是偏理性的。但有时感性激励的作用可能比理性来得更直接和长效。

尊重和信任激励：尊重是前提，信任是基础 /241

第10章 其他激励：主流方式之外的激励

除了常用的主流激励方式之外，了解一些补充激励形式可以帮助公司管理者丰富激励机制，使激励机制更完善，覆盖范围更广。

赞美和参与激励——众人拾柴火焰高 /250

挫折激励——负面激励的补充 /258

第1章

MANAGER MUST LEARN

关于激励：
我们需要激励的原因

激励是激发人的行为的心理过程。在管理学中，激励是指公司领导通过各种手段激发员工积极性和创造力的过程。激励是公司管理的手段，也是员工进行自我提升的重要原因。

激励与个人和公司息息相关

　　良好的激励不仅可以协调企业内外部的各种资源，促进公司的发展壮大，同时，员工作为公司资源的重要组成部分，也将在公司的各种激励措施下获得自身能力的提高。

激励，让个人更美好

　　激励的根本目的是通过激发人的行为促进公司发展，因此，激励是否有效，最直接的体现就是员工的行为和状态是否发生了改变。有效的激励，必然伴随着员工个人外在或内在能力的提高。

　　1.激励可以促进个人的社会化进程

　　个人的社会化是指能够正确认识自己的社会角色，接受自己的社会角色并最终扮演好自己的社会角色。在现实生活中，往往存在个人的社会角色和生活角色混同的情形，这就使得个人在工作中不能将自己从生活角色中脱离，全身心投入。而激励措施就是通过采用一系列手段，强化个人的社会角色意识，让其充分体会社会角色的竞争性，提高其为企业创造价值的认识，不断加深其与企业及社会的融合。

2. 激励可以提高员工积极性，激发员工热情

激励往往是针对个人基本报酬之外的，是个人在现有状态下通过额外的付出得到的增值收入。基本薪酬是个人通过完成某些规定事项就可以获取的相对固定的物质回报，因此对于个人的激励不强，甚至起不到激励的作用。但激励不固定，也往往没有规定的上限，完全与个人的能力挂钩，你有多大能力，在基本工作之外能为公司创造多大的效益，就能得到多大的回报，因此这就很容易激发个人的积极性，使其为了获取更多的回报而不断努力。

3. 激励可以提高个人素质

激励也是一种竞争，每个人都是公司内竞争的参与者，也是彼此的竞争对手。激励的过程也是公司内部良性竞争氛围的形成过程，在这个竞争过程中，为避免淘汰，每个人必定会付出不同程度的努力，最终也会获取不同程度的素质的提高，没有任何进步的员工将无法适应公司的发展。

4. 激励可以提高个人业绩

激励的标准往往是在员工现有状态下经过上浮的，是需要经过一定的提高才能达到的。这就要求个人通过不断的努力和学习，不断提高其业务能力、业务技能和业务熟练程度等综合能力，个人综合能力提高的结果最终必然体现在其业绩上。

5. 激励可以激发个人的创造力

个人要想在获取尽可能多的激励机制下的红利，除了要求在其工作岗位上提高其工作数量和质量外，还要求个人不断对其岗位进行思考，不断在岗位上发展和创新，在了解岗位和胜任岗位的基础上，还要驾驭岗位，主导岗位。

6. 激励可以增加个人的归属感

常见的激励包括薪酬、绩效、晋升、尊重和赞美等多个方面，既有物质激励，也有精神激励。多样化的激励手段，在满足个人物质追求的同时，还可以给予个人精神上的满足，这样不仅可以在个人能力上得到肯定，还让个人感觉被尊重，可以很大程度地提高个人对于公司的归属感和依赖感。

激励，让公司更强大

激励的对象是公司内部的员工，员工是激励的直接受益者，而公司通过员工受益，是激励的最终和最大的受益者，可以通过下面的介绍来了解激励对公司来说到底有哪些好处。

1. 激励是公司吸引人才的吸铁石

激励是所有公司吸引人才的重要手段，不同规模和实力的公司，可以通过不同程度的薪酬标准、福利措施、优惠政策和晋升机制等来招揽人才，人才是公司发展不竭的动力，激励机制的完善性和激励手段的多样性是其吸引人才的关键。

2. 激励可以提高公司内部的凝聚力

激励是公司的管理手段之一，也是公司文化和价值观的集中体现，因此，这一方面有利于吸引认可该激励机制的人才进入公司内部，发展壮大公司的人才资源。

另外，这也可以促进公司内部不认可该激励机制的员工自由流出，从而保留认同公司激励和文化的员工，这样会使得公司内外部形成一种自由公开的人员流动机制，最终在公司内部长期发展的，必定是认同公司的人，这就大大提高了公司内部的凝聚力。

3. 激励可以促进公司文化的形成

良好的公司文化是公司发展进步的基础，而公司文化又是伴随公司不断发展而形成的，公司文化和公司发展，二者相辅相成。

激励机制是公司文化的一部分，完整的激励机制包括多种激励手段，涵盖物质和精神两个方面的内容，而公司的激励机制也是随着公司状况和人员变动不断完善优化的，长此以往，最终会形成适合公司的为其量身定做的一套激励机制，而这套激励机制最终又会成为公司文化的一部分。

4. 激励可以培养公司内部良好的竞争氛围

激励机制是针对公司全体员工的，但激励的红利并不是每位员工都可以享受，它仅仅属于那些付出努力达到激励标准的员工。能够获得激励的名额往往是有限的，这就会形成公司内部全员之间相互竞争有限名额的状态，竞争一旦形成，长此以往，就很容易变成公司内部的一种常态，最终形成良好的内部竞争氛围。

5. 激励可以使公司目标与个人目标统一

激励目标的实现过程也是员工个人目标实现的过程。个人目标若没有相应的统一指引，终究是一盘散沙，凝聚不成很大的力量，但通过激励，可以给员工明确的标准和方向，使其可以将公司目标和个人目标有效地统一起来，让个人目标在公司目标的指导下发挥作用，从而促进公司目标和个人目标的实现。

激励为何会失败

有成功的激励，就必定会有失败的激励。了解失败的原因并有针对性地进行错误的修正，是取得成功的前提。激励失败不可怕，可怕的是对失败一无所知。

常见的激励失败情形

成功的 - 有效的激励对公司内部的作用是正向积极的，但若公司决策错误，采用了不适合自身状况的激励机制，那么就会导致激励机制无法发挥预定的作用，还可能给企业带来一些不利影响。激励失效一般有以下几方面的表现。

1. 获取激励奖励的人数大大超过或低于预期

这是激励失效最重要的表现。一个激励措施，必定会有一定的奖励标准及相应的奖励，但能达到该标准，获取奖励的人应是公司内的小部分人员，若是获取奖励的人过多，则说明该奖励标准过低，对于大部分员工来说没有挑战性或不需要其付出很多努力就可取得；若是获取奖励的人过少，则说明奖励标准过高，对于大部分员工来说根本不可能达到，仅有很小一部分员工可通过极大的努力获得，这样的激励会变成小部分人的激励措施，缺乏公平且达不到激励的目的。

2. 公司目标无法与员工个人目标协调统一

激励失效的另一个表现是公司目标和员工个人目标最终无法形成统一，这主要是因为制定的激励目标与员工的个人利益脱节，导致员工不愿意因为激励而付出努力，或是激励机制形成前公司领导层没有充分争取或尊重员工的普遍性意见，没有将员工个人意志纳入公司决策中，使得员工也不愿意拥护和执行这样的决策，最终不利于公司的发展。

3. 公司内部优秀人才的流失

失败的激励最终会导致公司内部优秀人才的流出。这主要是因为激励失败的一大原因就是激励不到位或激励过度。

一方面，激励不到位会使得员工付出很大努力之后得到的回报较少，付出和得到不成正比，会使员工产生一种落差感和不公平感，长此以往，员工会觉得在公司无法实现自己的价值，便会选择离开公司。

另一方面，激励过度会使得员工付出很少的努力就可得到很大的回报，这不利于调动员工的积极性，也不利于其能力的提高，而且不符合成本效益，因此不可能长期实行。待公司管理层对这种错误的激励进行纠正后，之前付出很小努力就可得到很大回报的现状会被改变，而不能接受这种改变的员工会离开公司，将造成公司人员的较大流动。

激励有效作用的拦路石

任何失败的结果，都是由一定的原因导致的，揭开表象了解原因，才能真正认识事物的本质，因此下面就来了解一下激励失败的原因。

（1）激励方式单一，忽视激励对象的差异化需求。马斯洛需求层次理论认为人的需求是一个由低向上升的过程，由生理需要、安全需要、社会需要、尊重需要再到自我实现需要，因此在公司内部，处于不同需求层次的员工想要从公司获得的回报类型也不相同，这就要求公司领导层在制定激励时充分考虑员工之间的这种需求的差异性，否则会造成激励手段单一和员工需求多样化之间的矛盾，导致激励效果低下。

（2）激励机制不健全。主要体现在机制缺乏系统性、稳定性以及结构分配不当。具体表现为激励设计缺乏系统性考虑，缺乏科学的评价体系或整体的激励机制没有考虑到长期因素，导致激励无法长期执行，更改频率较高；各奖励的分配比例不当，如物质奖励和非物质奖励。

（3）公司领导本身不重视激励。领导是公司的主要决策人，若是没有激励意识，那么公司内部的激励机制就很难建立。这可能是由于公司面临的竞争较小、对人才的要求较少或对员工业绩要求不高导致的。

有效的公司激励机制需要了解的套路

了解激励失效的表现和原因，是为了更好地分析公司目前的激励机制是否有效，并为制定良好的激励制度找到一套切实可行的方法。

1. 实施差别激励，满足员工的差异化需求

员工的需求是其产生工作动力的源泉，因此激励只有在满足员工需求的前提下才能发挥积极作用，这就要求公司的激励机制差别化。可以针对员工的不同家庭状况、生活背景、生活需求以及兴趣爱好来确定激励的手段，例如，对于生活负担较重的员工，就要着重进行物

质激励；对于有房贷压力的员工，可以提高其公积金的缴存比例和基数。此外，由于员工的状况是不断变化的，因此激励手段还应随员工状况的变化而不断更新优化，使其更符合员工当下的实际需求。

2. 建立健全符合公司实际的激励机制

首先，坚持报酬和贡献相匹配原则。这是激励机制公平性的体现。报酬和贡献匹配，是指获得报酬最多的员工，其为公司创造的效益也是最大的，反之为创造效益最小的员工，获得的报酬也应该最少。只有这样，才能最大程度地激励员工为获取更多报酬而为公司做出更大贡献。

其次，建立符合公司需求的激励机制并严格执行。这要求公司的激励机制必须多层次，运用多种方式，比如薪酬激励、晋升激励、目标激励和尊重激励等，充分调动员工的积极性，形成科学的激励机制，并根据公司实际情况的变化不断优化完善。

最后，完善激励中的考核机制。考核是激励的基础和依据，因此健全的激励机制必然要有完善且公平的考核机制。完善考核机制，可以从多样化考核指标、规范考评人员行为和建立考评反馈等方面着手。

3. 转变领导层思想，提高其激励意识

企业领导层要树立正确的人才观念和竞争观念，这是提高激励意识的前提。正确的人才观念，要求领导层相信员工，相信和重视人才的力量，把人才当作公司发展的最大动力；正确的竞争观念，不仅指外部竞争，还包括公司内部之间的竞争。内部良好的竞争机制，有利于员工能力的提高，使公司更好地抵御外部竞争。在正确认识这两个方面后，领导层自然而然会重视激励，想要通过激励来提高员工的工作动力，促进公司发展。

对激励和动力的几大认识误区

激励通过激发员工的动力产生作用，因此动力是激励成功与否的重要表现，动力并不是天生的，也并不是每一项激励措施都能激发出员工的动力。

动力是不可变的个人品格

很多人认为动力是个人不可改变的、相对固定的品格，这是一种错误的观念。即使是人的性格，也是由后天不同的经历而形成的且是不断变化的。因此，动力作为个人性格的一个表现，也是需要有意识地培养和维持的。

此外，人的精力是有限的，且每个人有各自不同的爱好，因此不可能对任何事情都抱有同样的热情和动力，动力是因人而异、因事而异的。

因此，如果公司的员工没有工作动力，他可能只是在面对工作时没有动力而已，并不是本身没有动力。例如，我们也有可能遇到过以下这种情况：工作时消极懈怠的员工在接近下班时突然变得兴奋起来，下班之后还精力十足地去进行各种活动，比如逛街、看电影、打球和烧烤等。这就说明其实每个人都是有动力的，只是对于不同的事情，动力的大小不同而已，对于没有工作动力的员工，可能只是领导层没有捕捉到使其产生动力的因素。

因此，要想充分调动每位员工的工作动力，达到激励的目的，就要求管理人员对每位员工的状态进行分析，将原本就没有工作动力的员工的积极性调动起来，同时将本身有动力，但动力不在工作上的员工的动力引导到工作中来。对于员工动力的调动，领导层可以从以下两个方面来着手解决。

◆ **培养员工对工作的热情，将工作变成兴趣：**对于感兴趣的事情，每个人总是充满激情的，而大多数员工对于工作没有动力的原因，也是因为并不热爱本身的工作，或者是对工作的热爱程度不够。对于这种情况，只有从工作本身入手，增加工作的趣味性和挑战性，寓工作于乐。

◆ **适当改变工作环境：**如将小办公区域改为大办公区域，将封闭的工作区域改为半开放或开放式区域，这样可以增加员工和员工之间的联系，营造一个相对"热闹"的环境，过于安静的环境不利于员工工作激情的保持。

奖励和威胁能最有效地激发动力

很多公司领导者认为奖励可以解决一切，它能最大程度地激发员工的动力，因此，公司的激励都是以物质和金钱奖励为主，工资、福利、分红、地位和津贴是大多数公司激励办法的典型标志，这种激励办法不可否认是有效的，但却不一定是长期有效的。

动力可以通过物质和金钱激励被激发，却往往无法通过相同的方式长久保持，换句话说，这种激励方式可以使员工产生一段时间的动力，却不是维持动力的有效举措，动力的维持往往需要一些感性因素的支撑，比如兴趣爱好、责任心、归属感和成就感等，仅仅依赖单纯的物质因素，动力最后终究是会失去的。

在单纯依靠物质和金钱进行激励使得激励效果不如预期时，许多公司领导层开始在激励里增加威胁，即惩罚激励，想通过这种方式来激发员工的动力。这种激励方式与奖励完全相反，它主要是给员工设定一定的工作任务量，对于达不到标准的员工便根据其与目标任务的差距给予不同程度的惩罚。

实践证明，这种方式在短期内是积极有效的，可以达到领导层调动员工积极性，增加员工工作数量的目的。但长久来看，这种方法可能会适得其反。在这种惩罚激励下，员工长期处在一种不安全感和极大压力的状态下，会导致员工的工作状态不稳，最终可能会引发消极、恐惧甚至逃避的心理，极大地损害员工的工作现状。

因此，单一的物质奖励和惩罚激励都不是最好的激励，不能长久有效地激发员工的动力，一个长期有效的激励，不仅需要物质奖励和惩罚激励相结合，还需要物质激励和精神激励相结合，并根据公司实际情况和员工状态的变化而不断修正，没有一种永远适合的激励方式，只有当下最适合公司发展的激励方式。

快乐是动力的最好表现形式

有人认为，快乐是一个人是否有动力的最好表现，很多公司的领导层也认为快乐的员工就是充满工作动力的员工，但这种观念本身就是一种误解，或许还是所有对于动力的误解中最大的一个。之所以说这是最大的误解，是因为它往往与采用高成本的过度激励有很大的关系。有的公司会基于这种理念刻意制订并举行一些激励计划，类似"寻找最快乐员工"，为此付出不同程度的人力、物力和财力，但最终的结果对激发员工的动力却起不到任何实质性的作用。

这种情况是由于公司领导层混淆了快乐和动力这两个概念而造成的，一个错误理念下的决策，最终导致的结果也注定不如人意。有动力的员工一定是快乐的，但快乐的员工却不一定有动力，轻松而没有动力的积极情绪，与紧张但具有动力的积极情绪之间是有本质区别的。

轻松而没有动力的积极情绪，除了能给予自己一定的精神愉悦之外，起不到任何作用，它形不成生产力，也无法对别人产生正向激励，最终也仅仅是一种情绪而已，转化不成任何实质有效的作用。

紧张但具有动力的积极情绪，与轻松的情绪相比，看似不轻松，但它却比单纯的轻松情绪有用得多。我们常会听到，"有压力才有动力"，压力是会向动力转化的，而动力最终会形成生产力，会为个人和所在公司创造价值。而轻松的情绪很有可能因为太过轻松反而不利于形成长期良好的心态。因此紧张但具有动力的积极情绪才是公司领导层应该长期致力去塑造的工作心态，也有利于个人和公司的长期发展。

激励是可以简单实现的

说起激励，很多人认为无非就是通过各种奖励措施的制定，来达到激励员工的目的，是非常简单就可以实现的。

激励的本质确实是通过一系列手段来激励员工，达到调动员工积极性的目的，看似简单易懂，但不同的激励手段会导致不同的激励效果，而激励手段的确定过程是激励制定面临的最大难题。因此绝不是简单的，也不是容易实现的。要想达到激励的目的，就要制定最符合公司实际的激励机制，而最适合的激励机制的制定，需要了解激励制定的各种技巧，具体包括以下内容。

◆ 怎样建立激励制度，在这过程中需要考虑什么要素。

◆ 有哪些激励类型。

◆ 完整的激励机制应该包括哪些具体的激励措施，每个激励措施的侧重点和难点是什么。

◆ 针对不同的员工和岗位，应该怎样选择最适合的激励措施。

◆ 各激励类型在整个激励机制中的占比是怎样的。

◆ 必备的反向激励有哪些类型。

◆ 可能导致整个激励机制无效的潜在威胁有哪些。

激励是一门学问，是每个领导者都需要学习和了解的管理知识。了解激励和动力常见的认识误区，可以加深公司领导者对激励和动力的认识，提高领导者对于激发员工动力在激励过程中的重要性的认识，有利于领导者在进行激励机制决策时避免一些常见错误，并指导激励机制有效制定和实施。

第2章

MANAGER MUST LEARN

薪酬激励：
最基本的激励方式

企业员工激励的方式多样，薪酬激励不是唯一的，可能也不是最好的激励方式，但它一定是运用最广的。一个行之有效的薪酬激励对企业和员工来说都具有重大的正面意义。

薪酬制度的建立是进行激励的前提条件

薪酬激励，制度先行。薪酬制度的建立是薪酬激励的制度保障，是激励有效进行的前提和基础。而建立一个合理且良好的薪酬制度，需要通过综合公司内部的薪酬战略和公司战略、薪酬管理想要实现的目标、薪酬体系评价标准的确立以及福利制度的确定等因素进行考虑。

薪酬战略和公司战略的相互匹配

公司战略是公司的整体发展规划，是公司内部各种战略的总和，涉及内部发展、营销、技术、人才及资源等各个方面；薪酬战略是指公司利用薪酬对内部进行管理的一种方式，它通过使用不同的薪酬结构对内部的组织绩效和人力资源产生影响，从而影响企业整体发展，是公司战略的一部分。

因此，薪酬战略和公司战略密不可分，薪酬战略必须在符合公司战略的基础上建立才能发挥作用，下面就对公司战略和薪酬战略类型以及两者之间的相互匹配进行介绍，给公司领导层决策提供一些参考。

1. 公司战略的类型

公司战略按照不同的分类标准，有不同的类型，按战略发展的表现形式，公司战略可分为拓展型战略、稳健型战略和收缩型战略 3 种。

◆ **拓展型战略**：拓展型战略是一种进取性战略，这类战略偏重于公司的业务和市场占有率的扩展，一般来说有发展潜力的新兴行业所属公司经常采用这种策略。

◆ **稳健型战略**：稳健型战略是一种追求公司稳定发展的战略，这类战略相较于谋求公司高速发展来说更偏重于保存公司实力，有效控制内部的经营风险，因此在该策略下公司发展缓慢，竞争力不强，业务和规模难以扩大。

◆ **收缩型战略**：收缩型战略与拓展型战略对应，它是一种保守的经营战略，该战略的主要目的是精简内部机构、缩减开支、优化产业和业务结构及盘活内部积压的资金，以维持公司内部的正常运转。按照公司经营状况的不同阶段，收缩型战略可分为转移战略、撤退战略和清算战略 3 种战略形式。

2. 薪酬战略的类型

薪酬战略通过不同的薪酬支付方式对公司的经营发展起作用。根据不同的分类依据，薪酬战略的类型也不一样。

根据决定薪酬标准的依据，薪酬战略可分为以下 5 种类型，如表 2-1 所示。

表 2-1　薪酬战略类型根据决定薪酬标准的依据分类

薪酬类型	含义	优点	缺点
岗位薪酬	以员工所在岗位为依据确定其薪酬	可以避免薪酬的确定受人为因素的影响	无法用在过去的岗位贡献或差错来衡量现在所在岗位对公司的贡献或损失；也不能对不同工作能力的员工给予差别激励

续上表

薪酬类型	含义	优点	缺点
技能薪酬	以员工所技能水平为依据确定其薪酬	确定方式和程序简单	往往依据员工的内在潜力而非实际贡献确定，会使得员工工资和公司绩效脱节，对公司的长期发展不利
资历薪酬	以员工资历为依据确定薪酬，资历越丰富，薪酬越高	实施容易，可以提高老员工黏性	该薪酬类型的前提是假设资历越丰富的员工，为公司创造的财富也越大。但现实中这种假设不一定有效
公司/部门绩效薪酬	以公司/部门整体绩效为依据确定员工薪酬	把公司/部门利益和员工利益结合	能力强弱员工的薪酬一致，会导致分配不公，打击员工的积极性
个人绩效薪酬	以个人绩效为依据确定薪酬	公平、激励性强	个人绩效衡量指标和相关制度难以确定，绩效指标若与薪酬相关性不强，也起不到激励作用

根据薪酬结构不同，薪酬战略又可分为以下 3 种类型，如表 2-2 所示。

表 2-2　薪酬战略类型根据薪酬结构分类

薪酬类型	含义	优点	缺点
固定薪酬	根据固定的金额进行工资支付	操作和核算简单，员工有保障	缺乏激励作用，不利于公司业务和规模的扩大；难以留住真正的优秀人才
变动薪酬	工资不固定，根据某些变动因素确定	能调动员工积极性，有利于公司发展	变动薪酬比例过高或不合理会打击员工的积极性
固定薪酬＋变动薪酬	以固定薪酬和变动薪酬相结合的方式确定薪酬	在给予员工安全感的同时可以调动员工积极性	固定薪酬和变动薪酬之间的比例若不合理可能会导致目标不及预期的情况发生

3.不同公司战略下薪酬战略的匹配

公司战略和薪酬战略有多种类型，不同公司战略下采取不同的薪酬战略，效果也不一样，只有和公司战略相互匹配的薪酬战略，才能最大限度地发挥作用。如表 2-3 所示是不同公司战略下对应薪酬战略的选择。

表 2-3　不同公司战略下薪酬战略的确定

公司战略	具体细分战略	适用薪酬战略类型
拓展型战略	进攻型激进战略	薪酬确定以技能、个人绩效和定量指标为标准
	外部成长战略	薪酬确定偏弹性，以部门绩效或定量指标为主要标准，同时重视非经济奖励
稳健型战略		采用公司绩效、团队绩效和定性指标
收缩型战略		高比例的固定薪酬和短期激励

薪酬管理的职能表现和实现目标

在明确了公司应该采用怎样的薪酬战略后，还需要了解薪酬管理对公司到底可以起到什么样的职能作用，公司领导也需要明确到底要通过内部薪酬管理实现什么样的公司目标或使公司达到一种怎样的状态。只有这样，才能制定出适合公司内部发展的薪酬制度。

薪酬的职能是指薪酬运用中的具体功能的表现，它是薪酬管理的核心部分。一般来说，薪酬管理具有以下五大职能，如表 2-4 所示。

表 2-4　薪酬管理的五大职能

职能类型	具体描述
补偿职能	薪酬是对员工脑力和体力消耗的补偿
激励职能	员工更多薪酬的获取必须以提高工作能力和效率为前提
调节职能	薪酬管理通过合理的薪酬设计，使劳动力在公司内部合理流动，优化人力资源配置，并吸引外部人才流入
效益职能	薪酬的支付是以员工为公司创造的效益为前提，且员工创造的效益必定高于公司为其支付的薪酬

续上表

职能类型	具体描述
统计与监督职能	通过薪酬统计可以反映公司业务情况，监督公司内部财务与制度执行情况

薪酬管理有不同的职能，因此，公司在制定薪酬制度时，要根据内部实际情况，分析其依据薪酬管理想要实现的具体目标，有所侧重地发挥各职能的作用，以达到公司目标。一般来说，薪酬管理的实现目标有以下几个。

1. 吸引员工

这里的吸引员工，包括吸引内外部员工两层含义。一个薪酬制度要起到吸引员工的目的，那么它首先肯定要公平，能保证让能者多得、劳者多得及不劳者不得或少得；其次它还要有一定的安全性，即对员工来说可以得到一定的保障，这就要求部分固定的薪酬，否则，若全都是变动薪酬，那么可能会给员工无形中增加很大的心理压力，导致其能力不能正常发挥。

2. 留住员工

一般来说，员工离职有两个最大的原因：一是报酬不公；二是报酬低。因此留住现有员工，尤其是优秀员工，在薪酬管理方面，公司应该做到以下几点：第一，根据老员工的入职年限适当给予一部分固定的加薪机制；第二，保证薪酬制度的公平性，公平的环境才能让人才长久停留；第三，加强对员工的公司关怀，人都是感性的，在公平的薪酬制度的前提下，对老员工给予更多的福利和关怀，这样才能使员工更加安心和自愿地留在公司，为公司发展贡献自己的力量。

3. 鼓励员工提高工作能力和效率

薪酬管理的初衷和最大目标是为公司战略服务，因此，通过合理的薪酬管理调动员工积极性，提高其岗位能力和效率是薪酬制度的目标之一。要想实现这一目标，薪酬管理制度就要给予员工一定压力，有压力才有动力，有比较才有进步，因此，给予员工考核和内部比较是提高员工工作能力的必然举措。

4. 营造公司内部良好氛围

营造公司内部良好氛围，主要是指公司内部良好的工作和竞争氛围。一个好的公司氛围，一定是内部充满良性竞争的氛围，良性竞争可以使员工和企业都往越来越好的方向发展。因此，要通过薪酬管理实现这一目标，就必然要求薪酬制度设计充满竞争性、充满竞争的薪酬制度才是吸引人的。有效的薪酬管理，才能实现薪酬管理的目标。

5. 控制经营成本

与前几个目标相反，控制经营成本是一个反向的目标，它要求通过薪酬管理实现降低公司运营成本的目的，通过薪酬管理降低的成本，主要是运营成本中的人力成本。若要控制成本，就要求薪酬管理制度在一定程度上降低固定薪酬比例和福利保障，在此基础上以最小的投入，保证员工为公司创造最大的效益。

薪酬体系的评价标准

一个薪酬管理制度的实施是否有效，需要采用一些指标对其进行评价，一般来说，有以下 4 个评价标准。

（1）公平性。这里的公平包括 3 个层次的内容：外部公平、内部公平和个人公平。外部公平是指薪酬在同行业中的同等规模公司或同一地区的同类公司中应基本相当，同类公司对员工的要求大体相同，那么薪酬也应保持一定的相同性；内部公平指的是为公司创造同等效益的员工，他们的薪酬应该相同，一般来说，每位员工创造的价值和他们获取的薪酬比值应该一致；个人公平是指公司内部相同岗位的员工的薪酬应该一致。

（2）竞争性。薪酬的竞争性是指公司的薪酬标准在市场中应有一定的吸引力，只有这样，才能吸引优秀的人才。但是公司薪酬标准的制订应与公司实际情况相符，若过高，可能会导致公司人力成本过大，拖累公司业绩和发展，但公司的薪酬标准也不能低于市场最低标准。

（3）激励性。一个充满激励性质的薪酬制度，必定以按效益分配为原则，创造效益多则薪酬多。另外，各薪酬等级之间还应有一定差距，特别是当薪酬标准达到一定高度时，只有这样，才能最大限度地激发员工的积极性，若薪酬等级之间差距过小，则起不到激励的作用。

（4）经济性。经济性要求薪酬制度在考虑怎样以薪酬水平激励员工的同时，还必须考虑投入与产出的结果。这就要求员工的薪酬不仅要与其工作数量相关，更重要的是要看其工作质量和薪酬水平是否匹配，员工的工作质量与公司的效益直接相关，只有工作质量和薪酬水平匹配的员工，才是真正为公司创造效益的员工。

福利制度，薪酬制度的必要补充

一般来说，一个完整的薪酬制度必然要有福利制度作为补充。福利制度是指公司为员工提供的除基本薪酬之外的生活保障，它主要包括定期体检、高温或降温补贴、餐补、节日补贴和其他福利。下面通过一个案例来具体说明福利制度的相关内容。

×× 公司福利管理制度

第一条：目的

为保障员工的福利权利，明确公司内部福利标准，特制定本制度。

第二条：适用范围

公司全体员工。

第三条：名词解释

本制度所指的福利，是指公司为员工提供的除薪酬和法定福利（如五险一金和带薪休假等）之外的公司内部福利。

第四条：福利制度管理部门

1. 公司人力资源部负责制度的起草和修订。

2. 公司人力资源部和办公室负责福利制度的具体推动落实。

3. 公司财务部负责制度中各项福利的核算和发放。

第五条：福利类别及标准

一、降温和保暖费

1. 每年 7、8、9 月公司发给员工降温费，12、1、2 月公司发给保暖费。

2. 防寒降温费计发标准：工作场所未安装空调的员工为 80 元 /（人·月），已安装空调的员工为 40 元 /（人·月）。

二、节日礼金或物品

每个法定节假日发给员工节日礼品。春节等值物品的最高限额为每人 300 元，其余节日最高限额均为每人 200 元。试用期员工的最高限额为正式员工的 50%。该事项由公司的办公室负责。

三、伤病补贴

凡公司员工因伤病住院治疗 3 天以上者（含 3 天），由公司派员工进行探望，并给予 100 元或等值物品的补贴。

四、婚丧

1. 员工结婚：在职期间结婚登记的员工，公司发给 300 元庆贺金。

2. 员工的直系亲属亡故的，公司发给 300 元慰问金或等值物品。

3. 以上事项由公司人力资源主管部门负责办理。

五、生日祝贺

人力资源部负责组织当月过生日员工的庆祝活动，活动费用每人不超过 30 元。

六、免费午餐

员工在工作日可享受由公司提供的免费工作午餐。

七、健康体检

公司每年组织一次全体员工体检，由人力资源部负责。

八、帮困

公司员工中有因重大变故导致家庭特困的，公司将组织帮困活动。

第六条：本制度由公司人力资源部负责修订和解释。

×× 年 ×× 月 ×× 日

从以上案例可以看出，一个完善的福利制度要包括多方面的内容，不仅要体现出对员工的物质关怀，也不能忽视对员工的情感关怀，不仅要在工作上对员工进行福利补贴，还要在生活上对员工的身体健康甚至员工的家人进行关怀。

有时福利制度的激励效果并不亚于薪酬，与薪酬相比，员工更能从福利制度中感受到公司的温暖，从而将其转化为实际的工作动力和激情。有了福利制度作为补充，薪酬制度才能更完善。

薪酬激励的设计要求

薪酬激励并不是简单的薪酬制度的制定，要使激励的效用最大化，势必要对有关薪酬激励的各个方面进行了解和分析，建立在对实际情况进行充分分析基础上的激励设计，才能更好地达到激励的目的。

如何确定新员工的起薪

确定新员工的起薪是每个公司都必须面临的问题，而怎样设置合理的起薪又是这一问题的关键。具体来说，新员工起薪的确定有以下几个参考要素。

◆ **基本生活保障**：公司给予员工的起薪应满足员工的最低生活需要，否则无法招聘到员工。

◆ **地区同类工资标准**：员工起薪的确定还应参考地区的同类工资标准，在满足员工基本生活需要的前提下，还应等于或高于该标准，而不应低于地区同类工资标准。

◆ **竞争对手的起薪**："知己知彼，百战不殆"，因此，公司还应了解竞争对手对于同一岗位的定薪，尽量使公司的定薪与竞争对手保持一致，至少不能低于竞争对手太多。

◆ **新员工的能力**：员工的定薪应与其能力相匹配。新员工的起薪，应与其能力相当的老员工的薪酬大致保持相同，可以略低于老员工。

◆ **新员工的期望薪酬**：应聘时还应了解新员工对于岗位的期望薪酬是多少，然后再与公司能够给出的该岗位的最大薪酬范围做比较，排除期望薪酬高于公司可实际支付的应聘者。

◆ **岗位的急需性**：对于急需岗位的薪酬，可以适当提高所需员工的起薪，反之，对于急需性不强的岗位，则不必提高起薪。

知识加油站

在确定了新员工的起薪之后，员工的薪酬还应根据员工的能力、表现以及所承担岗位职责的变化等因素定期调整。根据岗位和员工实际情况不断调整的薪酬才是有效的薪酬，不及时或滞后的薪酬调整不利于人力资源有效发挥作用。

如何将工资成本控制在合理范围

工资成本控制实际上是对人力资源消耗的控制，是人工成本的最主要组成部分。它的目标是以最小的人力成本投入创造最大的公司效益，是公司日常成本控制的一个重要方面。公司的工资成本控制，可以从以下几方面入手。

1. 确定合理的工资总额

工资总额是一定时期内公司支付给全体员工的工资总和。合理的工资总额的确定是进行工资成本控制的前提和基础，一般来说其计算方式如下。

公司工资总额 =（计时工资 + 计件工资 + 奖金 + 津贴和福利 + 加班工资 + 其他工资）× 公司员工人数

2. 计算工资支付能力

公司整体的工资支付能力的计算，可以从人工费用率、劳动分配率和损益平衡点 3 个维度来考虑。具体计算公式如下。

（1）人工费用率

人工费用率 = 人工成本 / 销售额

（2）劳动分配率

劳动分配率 = 人工费用 / 附加价值

附加价值 = 销售额 - 从外部购入价值

从外部购入附加价值 = 物料费用 + 外包加工费用

（3）损益平衡点

损益平衡点销售额 = 固定费用 / 临界利益率

临界利益率 =（销售额 - 流动费用）/ 销售额

以上 3 个计算维度相互独立，在进行公司整体支付能力计算时，可以根据实际情况采取一种或多种方式计算，然后选择最适合的计算结果作为最终的支付能力。

3. 调整公司内部用工模式

针对公司内部岗位性质，采用不同的用工模式，可以节省不必要的岗位成本，也是一种直接控制工资成本的方式。

◆ **弹性工作制的适用情况**：弹性工作制即不定时工作制，适用于不能按标准时间安排工作或工作时间不固定的岗位和员工，一般来说外勤人员、推销人员及部分值班人员可以采用弹性工作制。这可以有效控制加班费用，有效减少工资成本。

◆ **非全日制工作制的适用情况**：非全日制工作制一般是采用小时计算工资的方式，适用于工作时间随意性强的岗位，如保洁。这类员工的配置灵活，成本远低于正式员工。

◆ **劳动派遣工作制的适用情况**：劳动派遣即劳务派遣，也称员工租赁，是指公司根据需要向劳务派遣机构租用适合的人员。它适用于临时性、辅助性和替代性的岗位，可以减少公司不必要的劳务开支。

4. 不同岗位员工工资构成比例的确定

不同岗位的员工，因其能力和为公司承担的责任不同，因此工资的构成比例也不一样。

◆ **一般员工及基层管理人员**：其工资一般由基本薪酬、奖金和福利组成，但普通员工、主管及部门经理在这 3 部分的构成比例一般都不相同，最常见的比例分别为 7∶2∶1，6∶3∶1 和 5∶4∶1。

◆ **销售人员**：其工资构成一般与普通员工及基层管理人员相同，但销售提成为其工资的主要部分，通常为 50% 以上。

◆ **公司高管**：与普通员工相比，公司高管的工资组成部分还包括年终分红和期权等奖励，其中年终分红和期权收益是高管工资的主要组成部分。

5. 建立员工工资增长控制制度

一般来说，员工工资的增长幅度和具体数额应该从公司的经济效益、公司资产负债情况以及社会物价水平变化等方面考虑。

首先，员工薪资总额的增长应与公司上年实现的经济效益增长一致，两者之间可以确定一个比例。例如（0.3 ~ 0.7）：1，即公司效益增长 10%，员工工资应增长 3% ~ 7%；其次，公司工资税率的水平应与员工工资增长同比例，后者不能高于前者；再次，员工工资增长还需要考虑到公司未来的生产能力以及资产负债率等情况；最后，员工工资增长率应不低于覆盖居民消费物价指数的增长率。

总之，工资成本控制要以合理的工资总额为前提，需要根据公司的实际情况，从公司内部的薪酬支付能力、用工模式、工资构成比例确定以及工资增长控制制度等方面着手，可以采取上述方式中的一种或多种进行公司内部的成本控制。

怎样加薪让员工更有干劲

加薪，不是简单粗暴的涨工资，怎样通过合理的加薪提高员工的干劲也是一门艺术，加薪主要有三大方式：固定加薪、弹性加薪和特别加薪，下面来具体介绍。

固定加薪是运用得最普遍的加薪方式，主要有以下 4 类，如表 2-5 所示。

表 2-5　固定加薪的 4 种方式

加薪方式	具体描述
职位晋升	指员工通过由较低职位向较高职位升迁导致的加薪，这是员工获取加薪的普遍方式，也是公司留住人才的关键。这类加薪主要是通过公司对于不同岗位设置不同薪酬标准的方式来实现

加薪方式	具体描述
评优	指员工通过月度、季度或年度考核，获得优秀之后得到的加薪机会。月度、季度和年度的评优名额会采取差异化的方式来确定，一般来说，月度评优的名额最多，相应的奖励金额较少；季度评优名额较月度较少，但金额较月度有一定增加；年度评优名额比月度和季度都少，中小公司一般设置 10 个以内，而奖励金额是这 3 类评优中最多的，一般为季度奖励的几倍
业绩或工作能力达标	指公司对不同的岗位设置不同的目标，给予达到目标的员工加薪奖励。例如，对于公司的技术人员，可根据其掌握技术的熟练程度设置 A、B、C、D 四个等级，然后根据以上等级分别设置 2000 元、1500 元、1000 元和 500 元的奖励金额，达到相应技术等级的员工即可得到对应金额的奖励
年限工资	指公司设置的，对于达到一定工作年限的员工给予的固化式的加薪。一般工作一年以上的员工即可获得年限工资，且工作时间越长的员工获得的年限工资应该越多。例如，针对工作 1 年、2 年、3 年、5 年和 5 年以上的员工，可分别设置每月 100 元、200 元、300 元、500 元和 700 元的年限工资

弹性加薪根据不同的考核方式，可分为以下两类，如表 2-6 所示。

表 2-6　弹性加薪的类型

类型	具体描述
考核分类	指通过考核将被考核员工按考核结果进行等级分类，一般有 A、B、C、D 四个等级，然后根据等级进行加薪，一般来说可设置奖励比例，针对以上四个等级的员工，分别给予 150%、80%、60% 和 40% 比例的奖励
KPI 考核	主要是针对于员工工资中的弹性部分，对于达到或超过考核指标的员工给予足额或超额奖励。例如，销售人员最主要的 KPI 指标就是销售业绩，那么可给销售业绩完成率 100% 以上的员工进行加薪，完成率 100% 以下的员工不加薪

特别加薪法是对以上两种加薪方式的有效补充，主要有两类，如表 2-7 所示。

表 2-7　特别加薪法的类型

加薪方式	具体描述
目标奖励	分为团队和个人目标奖励，是指给予达到目标的团队或个人的加薪。一般来说，个人奖励金额低于团队奖励，且两者可以同时叠加。可设置个人超越奖和优秀业绩团队奖等
单项奖励	指公司通过一些奖项的设置，给予员工一定奖励的变相加薪。如可以设置员工忠诚奖、销售精英奖、服务明星奖和优秀团队领导奖等奖项，并分别对其设置奖励金额

考评要及时，兑现要迅速

薪酬激励的设计和确定是考评的前提，考评又是兑现的前提，因此考核激励的设计、考评实施和激励结果兑现三者之间环环相扣。再好的薪酬激励制度，若没有相应考评和兑现机制，最终的激励效果也是大打折扣的。及时考评需要从以下几方面入手。

（1）明确考评人员和被评价的人员。考评人员和被评价人员是进行薪酬激励考核的主要参与人，因此，考评前必须先确定好相应范围或名单，保证考评能正常进行。一般来说，被评价人员应是全体员工，考评人员应设置多个，一般由公司领导层决定，人力资源部负责人和被评价人员所在部门应参与考评。

（2）明确考评标准。考评人员与被评价人员均需要对考评标准进行准确理解，这样才能保证被评价人员在考核标准下进行了努力以及考评人员根据考评标准进行公正评价。各部门的考评标准因职能和岗位差异而不同，业务类岗位偏重岗位业绩的考核，技术部门偏重技术熟练程度的考评，后勤部门则偏重于工作完成情况和态度的考评。

（3）考评结果的及时整理汇总。这是考评的重要步骤，若考评完成，但没有人对结果进行整理汇总，那么就无法进入下一步工作，因此公司也应指定专人负责该项工作，一般来说可指定公司的人力资源部或行政部的人员来负责。

在做完基本的考评之后，最重要的是根据考评结果进行兑现，这是衡量薪酬激励是否有效的重要标准。可以从以下 3 个方面入手。

（1）明确兑现责任人及其职责。为保证激励的及时兑现，应明确激励兑现的责任人及其相关职责，只有将责任细分到人，兑现才能得到保证，这种责任的明确可以通过制定相关制度来明确，通过制度来约束兑现的及时实现。

（2）建立相关兑现约束机制。在明确了兑现责任人之后，应对其建立相关的约束机制，保证兑现能公平、公正且无误地完成，约束机制应明确兑现的时限、方式、范围以及差错率控制等问题，应由公司人力资源部在领导层的指示下完成。

（3）公示制度。相关的兑现机制应该在公司或部门范围内公开，让员工感受到制度和公开性，并以此激励员工，使其更加积极工作。为确保公示的及时以及反馈信息的收集，公司领导可以指定办公室或人力资源部门专门负责公示事项，公示责任部门（人）和兑现责任部门（人）应尽量为同一个人，这样可以及时解决公示中存在的问题。

薪酬激励下人员和岗位如何匹配

只有人员和岗位相互匹配，员工的价值才能发挥到最大，这需要从人员和岗位两个维度来进行分析。

一方面，要对员工本身情况进行了解。这包括了解员工本身的学历、专业、能力、性格及意向的工作岗位等。对员工学历、专业和能力的了解，可以让公司领导明白该员工能够胜任怎样的工作，现有的公司岗位中哪些岗位可以让该员工来做；通过了解员工的性格和意向的岗位，可以清楚知道该员工想做的具体岗位是什么，然后将两者进行匹配，这样的岗位才是适合该员工的岗位。

另一方面，是从具体的工作岗位出发，根据岗位的特征和对岗位人员的能力要求等因素，逆向考虑适合该岗位的员工应该是怎样的，这个岗位到底对员工有什么样的具体要求，然后一一罗列出来，最后把这些要求与员工相匹配，找到适合该岗位的员工。

此外，该匹配状态并不是一成不变的，公司领导应根据岗位要求和员工能力的变化适时进行调整，太过稳定的岗位状态一定不是岗位和人员最好的匹配结果。

最后，如果公司对于工作职责和绩效标准没有清晰的界定和描述，岗位工作与员工胜任能力之间没有建立有机联系，没有使用有效的鉴别方法，检验人员的能力特征是否符合岗位能力标准，忽视人才的行为风格与企业文化和团队风格的匹配，也会导致岗位与员工不适配，公司领导应引起重视。

解决人工成本预算控制与薪酬激励的矛盾

人工成本的最主要组成部分是薪酬成本，而薪酬激励必然要求在一定程度上扩大员工的薪酬成本，因此人工成本和薪酬激励存在一定的矛盾，怎样协调两者之间的矛盾，使两者更加协调，共同促进公司的发展，这是本节主要讲述的内容。

人工成本预算控制和薪酬激励是一对天然的矛盾体，其矛盾主要体现在以下几个方面。

◆ 人工成本控制是自上而下的，是基于公司效益和物价水平的总体控制；薪酬激励是自下而上的，需要考虑各部门和各员工的收入与其为公司所创造业绩的关系。

◆ 人工成本控制考虑的是公司员工整体的收入情况，是员工的平均收入水平；薪酬激励是以每一位员工为对象，需要考虑每位员工的收入，实际发放的薪酬总是围绕人工成本预算上下波动。

◆ 人工成本控制是以公司的整体效益为基础来进行；薪酬激励是根据部门甚至员工个人的业绩确定的，更加细化和微观。

◆ 人工成本控制是公司长期需要进行的活动，是基于公司的未来发展做出的；薪酬激励是对当前公司所处状态做出的短期的可变的激励制度，它需要及时考评和兑现。

人工成本预算和薪酬激励的矛盾，可以通过修正人工预算成本，将其控制在合理的水平内。

1. 弹性化人工成本预算和模块化人工成本

弹性化人工成本预算是指刚性的人工成本预算逐渐向弹性化转变，以更好地适应薪酬激励。人工成本预算的弹性化主要有两个表现：一是在进行人工成本预算时保持适当的弹性，用一定比例的弹性空间代替确定的数值。例如，可以在确定的人工成本基础上预留1%～5%的变动成本，以备人员变动时使用；二是设置一定的调整参数，确定在市场情况或公司内部状况达到某一标准时对人工成本预算进行相应调整，如可以在公司业务量达到预期规模时就减少或停止相关业务激励，减少人工成本。

弹性化的人工成本预算可以使公司内部人工成本预算更具有激励性和实用性，与薪酬激励相匹配。

模块化人工成本有两个核算方向：一是根据固定薪酬和浮动薪酬分别进行人工成本的核算，使计算结果更切合实际；二是将不同业务线条的人工成本进行分别核算和控制，对于本身不直接创造利润的业务线条，其人工成本预算时也不应将公司或部门利润计入其中。

2. 零基预算

目前，人工成本预算的计算方法普遍采用的是以之前的人工成本为基础，根据公司的利润增长、工资水平变动幅度和物价增长幅度等因素进行调整。

但这种方法对于业务和规模快速增长的公司以及面临巨大外部压力导致经营状况变化很大的公司并不适用。因此，对于这两类公司，可以采用零基预算的方式，即不考虑以前的人工成本预算数据，完全按照现有的薪酬激励制度重新设定人工成本，这种预算方式更切合现实，测算的数据也更符合公司当下运营的实际情况。零基预算可以通过以下几个步骤进行人工成本核算。

（1）确定核算项目，编制核算表格。核算项目一般包括员工工资、通信补贴、交通补贴、住房费用、保险费用、员工教育经费、为正在进行或拟开发的项目和业务付出的人工成本等，根据确定好的核算项目编制核算表格。

（2）合理确定每个核算项目的金额标准。例如，从工资、福利、五险一金和员工教育经费等方面对不同岗位的人员进行核算，确定金额。

（3）人工成本的最终核算。在每个项目的核算金额确定之后，对所有项目的核算金额进行加总即是最后的人工成本。

因人制宜地实施薪酬激励

不同员工能力不同，所在岗位不同，能为公司创造的价值也是不一样的。因此薪酬激励不能一视同仁，必须因人制宜，只有用对激励方式，才能使员工发挥最大的效用。

公司高管的薪酬激励

高管是公司最重要的人才资源，往往是综合性人才，其为公司创造的效益也是最大的。因此，对于高管人员的激励，是公司薪酬激励的重中之重。

下面来具体看一下公司高管的薪酬激励到底应该怎样设置才更加合理，主要有以下几个步骤。

1.首先设计激励性的薪酬激励结构

公司高管是价值创造的主要生产力，他们的报酬是公司股东价值的体现，因此这就要求高管的薪酬与其业绩紧密挂钩，所获薪酬必须是其业绩和所创造效益的体现。为了体现这一因素，高管的薪酬一般会采用高浮动的模式。表 2-8 是全球主要国家或地区高管的薪酬结构。

表 2-8　全球主要国家或地区高管薪酬结构

国家／地区	固定薪酬占比	年度奖金占比	长期激励占比
中国香港	55%	20%	25%
日本	75%	10%	15%
韩国	57%	13%	30%
新加坡	37%	13%	50%
英国	56%	18%	26%
美国	30%	16%	54%

从表 2-8 可以看出，大多数国家和地区的浮动薪酬的比例接近或超过 50%。因此，公司在设计高管的薪酬激励时，应参考以上数据，考虑提高其浮动薪酬的比例。

2. 设置高管激励性薪酬中的固定薪酬

一般来说，公司高管的固定薪酬部分，应与市场的整体水平基本保持一致，一般不应低于市场平均水平。同时，固定薪酬部分也不是恒定不变的，通常为了促进公司业务的发展，提高效益，高管的固定薪酬部分也会与其业绩挂钩，只是相对变动薪酬来说，其比例会相对低一点。具体固定薪酬怎样与公司业绩挂钩以及比例确定，要根据公司的实际情况来确定。

3. 设计高管奖金的激励模式

固定薪酬往往不是高管总薪酬中占比最大的，相反它只是一种安全性保障，为高管创造更多的收入的往往是浮动薪酬部分，而奖金则是高管浮动薪酬的重要组成部分，因此，奖金的激励设置是高管薪酬激励不容忽视的内容。常见的高管奖金激励模式一般有以下 3 种。

（1）直接利润计提制。该模式下高管直接按比例分享公司的净利润，计算公式为：

实际奖金总额 = 当年净利润总额 × 净利润提成比例

（2）超额利润计提制。该模式下，高管分享的是在分配股东权益后公司的超额利润，计算公式为：

实际奖金总额 =（实际净利润 − 股东保底利润）× 分配比例

（3）目标奖金制。该模式是对高管进行业绩考核，并为此设置一定比例的奖金基数，通常为固定薪酬的 40% ~ 60%。计算公式为：

实际奖金总额 = 高管奖金总额基数 × 绩效考核系数

适用的激励模式，才是最好的模式。公司领导应根据实际情况进行高管奖金的激励方式的选择。

4. 高管薪酬的持续管理

高管薪酬和普通员工薪酬一样，都需要根据公司情况的变化而进行相应的调整，因此，需要对其薪酬进行持续管理，而设置薪酬上限是最常见的高管薪酬持续管理方式。

设置高管薪酬上限即为高管薪酬"封顶"。高管的薪酬既然有固定薪酬作为最低保障，那么其上限也应有相应的限制。高管薪酬的上限一般依据公司经营效益的一定比例来确定，公司经营状况越好，高管的薪酬上限就越高，反之则越低。

团队的薪酬激励

团队是不同类型的公司几乎都会涉及的组织类别，因此团队的薪酬激励设计就显得尤为必要，本节将从团队薪酬激励的设计原则和薪酬构成两部分来具体讲解。

1. 团队薪酬激励的设计原则

团队薪酬激励是以整个团队为单位进行激励，一般以团队的业绩为主要参考要素，为了保证激励能最大限度地发挥作用，需要遵循以下一些原则。

◆ **与公司的战略目标相适应原则**：公司内部的任何激励机制都是基于战略目标为前提进行的，团队薪酬激励也一样，需要以战略目标为指引来考虑激励的要素和目标设计。

◆ **激励性原则**：这是指薪酬激励方案设计对团队成员来说必须要有一定的激励作用，薪酬激励的根本目的是促使员工为公司创造更大的价值。

◆ **公平性原则**：这要求薪酬激励的设计的标准或考核对团队内每一位成员都是一样的。若对于不同成员给予不同标准，既无法保证激励的公平，也无法保证激励目标的实现。

◆ **竞争性原则**：有竞争，才有进步。团队成员之间以及团队与团队之间的良性竞争能更好地促进其发展，在薪酬激励设计中增加一定的竞争性，不仅可以提高员工的能力和业绩，也可以在公司内部形成一种良好的竞争氛围，促使公司长足发展。

2. 团队薪酬的构成要素

根据团队薪酬的设计原则，我们可以大致了解团队薪酬应该是什么样的，而团队薪酬构成要素的确定，就是最终明确团队薪酬激励方案的过程。团队薪酬与其他薪酬一样，主要由基本薪酬、奖金和福利 3 部分构成。下面主要讲解一下团队薪酬中最重要的基本薪酬。

团队基本薪酬是根据团队为公司所承担的责任以及为其贡献的效

益确定的给予团队的酬劳。团队基本薪酬与团队为公司创造的价值、公司的整体效益以及团队目标的实现程度相关。其计算公式为：

团队基本薪酬＝公司利润提成 × 团队相对价值率 × 团队目标实现程度

公司利润提成，是指从公司的利润中提取一定比例的金额作为团队的基本薪酬基数，具体比例一般根据团队成员为公司创造的效益在公司整体效益的占比来确定。

团队相对价值率，是指该团队相对公司内部其他所有团队具有的价值。其计算一般与团队成员的能力、技能、专业稀缺程度和创造的效益相关。

团队目标实现程度，包括团队整体目标的实现程度和团队各成员目标的实现程度，是指团队和成员对公司给予目标的完成程度。

销售人员薪酬如何定

销售人员的薪酬与其他员工有较大区别，销售提成为其薪酬的主要组成部分。销售人员薪酬的确定方式有多种，目前运用最广泛的是基本工资加佣金的模式。

基本工资加佣金制是指销售人员的工资中一部分为固定工资，一部分为与其销售业绩挂钩的变动工资，一般情况下固定工资低于变动工资；这种方式能在给予员工一定保障的同时给予员工相对应的业绩压力，促进公司业务发展。由于基本工资的确定方式比较简单，所以着重介绍一下佣金部分怎样确定。

销售人员佣金 = 销售金额 × 销售达成率 × 收款达成率 × 客户交易率

销售达成率 = （销售金额 - 退货金额）/ 销售目标金额 × 100%

收款达成率 = 实际收到款项总额 / 应收款项总额 × 100%

客户交易率 = 每日交易客户总数 / 名下客户总数 × 100%

除了基本工资加佣金制外，销售人员的薪酬激励模式还有以下几种，公司领导可根据公司的实际需要和员工工作水平来确定适合的销售人员薪酬激励模式。

◆ **纯薪酬制**：是指销售人员的工资全部为固定工资，不与其销售业绩挂钩。适用于垄断型公司，公司业务和产品稀缺性强，不需要额外的营销。

◆ **纯佣金制**：与纯薪酬制相反，该模式下的销售人员的工资全部为变动工资，薪酬与其业绩完全相关。该模式适合需要大力拓展业务和市场的中小型公司，这样可以保证以较小成本投入换取公司最大的效益。

◆ **基本工资加奖金制**：与基本工资加佣金制类似，但有一定区别，佣金与业绩直接相关，而奖金与业绩间接相关。适用于产品和业务在同业中有一定竞争力的中大型公司，其对单个销售人员的营销能力没有那么迫切，更侧重的是整体营销战略的实施。

◆ **基本工资加奖金加佣金制**：在该模式中，销售人员的工资构成被分为固定式基本工资、半固定式奖金和变动式佣金3个部分，更加多元化。适用于公司规模和市场占有率已达到一定程度的公司，这类公司在维持目前市场地位的前提下扩展业务，销售人员的保障也相对较好。

研发人员的薪酬激励怎样实现

研发人员一般是指公司内部进行项目或产品研发和设计的人员，因此薪酬激励设计也应着重于对项目或产品研发整个过程以及后续服务进行考核和激励，具体考核维度可参考表 2-9 所示的要素。

表 2-9　研发人员的考核维度

考核维度	考核内容描述	权重	评分说明	得分
项目进度	对延误率 X 进行考核，X=（开发实际周期 - 开发计划周期）÷ 开发计划周期 ×100%	45%	X ≤ -20%，记 50 分	
			-20% < X ≤ 20%，记 45 分	
			20% < X ≤ 50%，记 30 分	
			50% < X ≤ 100%，记 10 分	
			100% < X，记 0 分	
项目质量	对项目效果完成率 Y 进行考核，Y= 各项目实际阶段成果达成数 ÷ 计划达成数 ×100%	35%	Y ≤ 30%，记 0 分	
			30% < Y ≤ 50%，记 5 分	
			50% < Y ≤ 70%，记 15 分	
			70% < Y < 100%，记 25 分	
			100% ≤ Y，记 35 分	
项目成本	对超支率 Z 进行考核，Z =（阶段实际使用费用 - 计划预算额）÷ 计划预算额 ×100%	20%	-20% < Z ≤ 0，记 50 分	
			0 < X ≤ 20%，记 30 分	
			20% < Z ≤ 50%，记 20 分	
			50% < Z ≤ 100%，记 10 分	
			100% < Z，记 0 分	

根据 2-9 的考核项目可最终得出研发人员的考核分数，然后可按照以下公式进行研发人员的薪酬核算。

研发人员薪酬 = 基本工资 + 福利 + 奖励基数 × 考核分数 / 100%

行政人员的薪酬激励

公司的行政人员，承担的大都是事务性的工作，因此，其薪酬考核和激励的要素设计也相对简单和灵活。具体可参照表 2-10。

表 2-10　行政人员的考核要素

考核要素	权重	评分说明	得分
工作 完成情况	70%	超额完成任务，记 80 分	
		按时按质按量完成任务，记 70 分	
		能基本完成工作内容，记 55 分	
		按时或按量完成工作均较困难，记 30 分	
		基本无法完成工作，记 0 分	
工作态度	10%	工作积极主动，主动学习，记 10 分	
		工作态度较好，能虚心学习，记 8 分	
		工作态度一般，主动性不强，记 6 分	
		工作态度恶劣，主动性很差，记 0 分	
出勤情况	10%	全勤，记 10 分	
		当月迟到两次以内或请假一次以内，记 7 分	
		当月迟到 2～4 次，或请假两次以内，记 6 分	
		当月迟到 4 次以上或请假两次以上，记 4 分	
		当月迟到超过 10 次或请假超过 4 次，记 0 分	
协调部门 评价	10%	协调部门评价为优秀，记 10 分	
		协调部门评价为良好，记 8 分	
		协调部门评价为中等，记 6 分	
		协调部门评价为较差，记 2 分	
		协调部门评价为差，记 0 分	

　　根据以上指标，可以得出行政人员的最终考核分数，然后根据以下计算公式，即可计算出其薪酬。

　　行政人员薪酬 = 基本工资 + 福利 + 奖励基数 × 考核分数 / 100%

可能导致薪酬制度不合理的因素

薪酬制度是薪酬激励实施的基础，薪酬激励不仅需要从正面了解制度制定和激励设计的要求，还需要充分考虑制度制定过程中可能存在的负面因素，只有这样才能尽可能完善薪酬制度，最大限度降低薪酬激励的风险。

激励结构不合理，激励和保障分配不当

薪酬激励按结构分类，有变动式薪酬、固定式薪酬和变动式薪酬加固定式薪酬 3 种。固定式薪酬一般表现为保障，变动式薪酬表现为激励。薪酬结构不合理，主要指的是变动式薪酬加固定式薪酬这种模式中，这两部分的比例分配不当导致的结构不合理，下面我们就来看一下怎样协调薪酬结构中的激励和保障，优化薪酬结构。

1.撬动固定薪酬，变固定为半固定

薪酬激励结构不合理的一大表现是固定薪酬过于固化。过于固化

的薪酬不利于员工的激励和公司资源的有效分配，因此，可以考虑从固定薪酬组成部分即基本工资、全勤奖和福利 3 个方面入手，进行固定式薪酬的优化。

◆ **为基本工资增加一些参考系数。**改变每月足额足人发放基本工资的方式，给基本工资也增加一些考核系数，这个考核系数与员工业绩考核不同，主要是增加员工工作完成情况、工作态度以及协调能力作为参考要素，给其添加一定的权重，将最终结果形成考核系数乘以员工的基本工资，得出员工最终可获得的基本工资。例如，对于员工工作完成情况、工作态度和协调沟通能力可以分别添加 70%、20% 和 10% 的权重进行考核。

◆ **细化出勤考核，添加处罚机制。**对于出勤情况的考核，几乎每个公司都有，但大多数公司的普遍做法是仅将其与基本工资挂钩，一般是采取达到迟到或请假次数限制就进行扣基本工资的方式，这种方式随着员工固定工资的比例不断下降，变动工资不断上升而渐渐与实际脱离。

因此，公司领导可以考虑将出勤情况与员工的福利甚至变动工资挂钩，这样才能更好地约束员工的行为，让工资结构更为合理。

◆ **重视福利制度。**很多中小型公司内部的福利制度比较缺乏，有的甚至没有福利制度，这肯定是不合理的，对于薪酬结构来说也是失衡的，因此，中小型公司应根据自身实际情况增加福利措施，可以添加过节费、降温和高温补贴、员工体检和生日奖励等福利措施，完善薪酬结构。

2. 协调变动式薪酬和固定式薪酬的分配比例

薪酬结构不合理的另一大表现是变动薪酬和固定薪酬的比例分配不当。这主要有两种情况：一是固定式薪酬占比过高；二是变动式薪酬占比过高。下面分别进行具体讲解。

（1）固定式薪酬占比过高。可以在固定式薪酬中加入考核要素，比如将工作能力、技能水平和差错率等与业绩无关的考核系数纳入固定式薪酬考核，这样虽然在名义上固定式薪酬的比例并没有变化，但实际上其比例是因人而有所变化的，这样使得固定式薪酬不再固定。

（2）变动式薪酬占比过高。这主要是由于过重的绩效考核导致的，是在制订考核标准时没有考虑员工的整体情况。过重的绩效考核，会使得员工压力过大且没有相应的基本保障，处于一种没有安全感的状态，最好的绩效考核，应该是员工努力就可以达到的，而不是永远无法触及的目标。

因此，公司领导在制订员工的绩效考核目标时，应以员工的整体水平为考量，目标值应在平均水平之上，而不是以公司内最优秀的员工创造的效益作为考核基础。

薪酬制度缺乏时效性

薪酬制度的时效性，体现在制度本身的时效性和具体落实实施的时效性两个方面，制度缺乏时效性，是指制度制定不与时俱进以及实施落实不及时。

公司经营状况和目标是不断变化的，因此薪酬制度要切合实际，具有很强的时效性，因此就要不断修正。有了好的薪酬激励制度，还需要有良好的执行力，否则制度就是摆设。为了保证薪酬激励具有时效性，可以从以下几方面入手。

1. 制度制定的要素和流程控制

首先，明确公司的战略目标是什么，比如公司的短、中和长期目标是什么，是以扩大业务量为主，还是以进行产品和技术的更新为主，或是以储备优秀人才为主。

其次，根据以上确定的目标，进行薪酬激励要点的确定。若公司目标以扩大业务量为主，那么薪酬激励应把大部分资源用于业绩奖励上；若企业目标是进行产品和技术更新，那么薪酬激励应侧重员工创新意识的培养和创新能力的提高以及对技术人员的奖励；若企业目标是储备优秀人才，那么薪酬激励就应侧重于对员工能力和技能提高的奖励。

最后，人力资源部基于以上因素进行薪酬激励制度的初步制定，然后报公司领导层讨论和最终决定，讨论通过的制度为最终下发执行的制度。

2. 制度的具体实施过程控制

首先，人力资源部将最终的薪酬激励制度在公司范围内进行讲解并公示，确保涉及的每位员工都充分了解制度的内容和各自的义务和权利。

其次，人力资源部将责任细分到各个部门，然后由各部门再进行细分，明确部门内的责任人和当事人的权利义务，确保部门内每位员工对该制度充分理解。一般来说，部门领导是该部门员工考核的直接责任人，部门内还可以定期组织内部会议，了解每位员工在薪酬激励制度下与实施薪酬激励前薪酬变化情况，并在部门内公司，激励部门员工。

最后，人力资源部应定期了解每个部门的薪酬激励实施的效果，各部门员工的薪酬数据变动情况是薪酬激励实施效果的直接体现，通过数据分析还可以发现薪酬激励是否对于每个部门和员工都适用。

3. 制度实施结果的控制

薪酬激励的实施结果控制，主要涉及激励的具体兑现和反馈。薪酬激励的兑现，可以从财务部和人力资源部入手，人力资源部一般负责员工薪酬数据的提供，财务部负责薪酬的发放，只要这两个部门各自做好自己的工作，那么激励就能及时兑现。

薪酬实施结果的反馈主要涉及人力资源部和其他各部门，其他各部门负责对薪酬激励反馈意见的收集，人力资源部负责整理和汇总，并将相关意见反馈给领导层，最后由领导层的出是否修正制度的决定。

薪酬制度内部不统一，缺乏公平性

公平是一项制度得以执行的最大前提，薪酬制度涉及每位员工的直接利益，因此更应注重公平。确保薪酬制度的公平性，可以从以下几点入手。

1. 公平的制度首先应是透明的

要保证薪酬制度的透明性，最好的办法是绝对公开薪酬制度，包括制度的建立、实施过程和实施结果，以上过程都可以通过内部公示来实现。

2. 薪酬激励要素的合理性

公平的薪酬制度，应对于同类员工使用同样的标准，不同类的员工使用相对一样的标准。例如，对于业务部门中的不同团队，各团队之间的考核激励应一致，不同团队成员的考核激励也应一致；但对于技术部门和客服部门这两类差异较大的部门，由于其工作性质和内容不同，其考核内容应根据其工作职责制订，保证同一工作性质的员工的考核激励标准一致即可。

3. 科学的评价体系

考核评价最终决定员工的具体薪酬，因此，它是薪酬激励制度是否公平的最集中体现，也是最重要的衡量标准。一个科学的评价体系需要满足以下几点要求。

首先，考核标准中客观标准应占主要部分，若考核结果大部分由主观因素决定，那这样的考核一定是不科学和不公平的。

其次，参与考评的人员应为数名，这样每位考评人员占的权重都不大，可以避免因主观因素导致考核结果失真的情况，一般来说，考评人员应包括被考核人员所在部门负责人、人力资源部门负责人、业务部门负责人、行政部门负责人以及其他主管人员和公司领导。

最后，还应该有考评结果反馈机制，若被考评员工对考核结果存有异议，可向相关人员或部门反馈，接受反馈人员或部门应给予该员工合理的解释，保证考核结果的公平公正。

薪酬激励对外缺乏竞争力

薪酬的外部竞争力是指薪酬的高低导致的公司在劳动力市场中的竞争力大小。要提高外部竞争力，就要求公司的薪酬激励和市场挂钩，具体可以从以下几个方面入手。

1. 了解市场中同类公司的薪酬水平

了解对手，才能战胜对手。提高薪酬激励的外部竞争力的前提是了解市场中同类公司的整体薪酬水平，然后根据公司实际情况制订等于或高于市场水平的薪酬标准。市场薪酬状况的了解有很多方式，这里主要介绍一下怎样通过专业的薪酬调查网站查询各行业或地区的薪酬情况。

目前，随着市场竞争不断加大，各大公司对市场薪酬水平以及行业薪酬状况的需求不断增加，各类专业的薪酬调查网站也应运而生，薪酬调查网（http://www.xcdyw.com/）就是其中之一，在该网站中，可以查询各行业和各地区的薪酬报告，资料比较全面。要在该网站查询薪酬水平数据，其具体的查询方式如下。

首先，在薪酬调查网站主页的导航栏中单击"薪酬报告"超链接，如图 2-1 所示。

图 2-1

然后会进入薪酬报告的行业和地区查询页面，在打开的页面中即可进行相应查询。若要查询某行业的薪酬报告，单击所要查询薪酬报告所属的行业类型，如单击"金融保险"超链接（图 2-2）后即可得到如图 2-3 所示的查询结果。

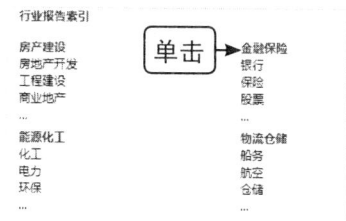

图 2-2　　　　　　　　　图 2-3

若要查询某地区的薪酬报告，则选择相应地区，如单击"广西"超链接，如图 2-4 所示，然后就会得出如图 2-5 所示的结果。

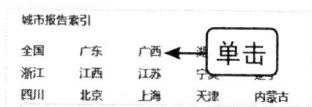

图 2-4　　　　　　　　　图 2-5

这种方式查询到的数据比较全面，可以满足对各行业和各地区薪酬情况的了解，给公司领导决策提供参考依据。

除了通过专门的薪酬调查网站了解薪酬情况外，还可以通过参考政府定期公布的地区人均收入标准数据或询问朋友所在行业或公司的薪资情况的方式对薪酬现状进行了解，不过这两种方式与前一种相比，了解到的数据会比较局限和片面。

2. 增加稀缺性岗位的隐性收入

稀缺性岗位一般是公司内部的重要岗位，也是市场中竞争最激烈的，这类岗位的刚性收入每个公司大致都一样。

因此，要想提高这部分岗位薪酬的外部竞争力，要从隐性收入入手，提高员工的"幸福感"。例如，可以从提高五险一金缴纳比例，提高业绩提成比例，在公司符合免税条件的前提下最大限度地给予员工免税福利，甚至对员工家人给予一些便利，如内部优先竞聘等。

3. 确保薪酬的公平性

公平是外部竞争力的保障，除了可以采取前面一节内容提到的方法保证薪酬激励的公平性外，还应做到薪酬激励对于新员工和老员工是一视同仁的，而不是给人一种老员工的激励优于新员工，考核少于新员工的认识。相反，一般情况下，由于老员工在工作经验和能力上都有一定的积累，因此大多数公司对于老员工的薪酬激励考核会比新员工要严格得多。

第3章

MANAGER MUST LEARN

绩效考核激励：
给员工适当的考核压力

绩效考核是目前运用最广泛的激励方式之一。适度的绩效考核，不仅可以使员工在当前状态下提高自己，也使得公司可以通过员工能力的提高和技能的熟练获得更多效益。

绩效考核制度几大必备要素

绩效考核激励的实施也需要依赖于绩效考核制度的制订，制度是否完整有效将直接影响激励效果。因此，公司领导者应重视激励中绩效考核制度的制订。

明确的考核指标是考核的主要依据

绩效考核指标是指公司内部通过制订一系列对绩效目标进行考核的方法或单位，是对各级管理人员及基层员工完成指定任务过程中为公司创造的业绩价值的考核。

常见的绩效考核指标，一般包括工作绩效、工作能力、工作态度及思想品德等方面，是对员工的综合评价。

根据不同的分类方法，绩效考核指标的内容也不同，绩效考核按考核内容，有如表3-1所示的几种指标类型。

表 3-1　绩效考核指标的类型

指标类型	具体考核内容	适用范围
品质特征型指标	员工的品格、工作态度和潜力等方面	服务性质岗位或在所有员工考核中占小部分比例
行为过程型指标	员工工作过程，包括工作方法和工作行为	辅助性和服务性岗位，如行政助理和客服等
工作结果型指标	员工工作结果和质量，包括任务完成情况、成本 – 收益情况、完成质量和完成效率	能直接产生绩效的岗位，如销售和生产等

不同的公司可视自身的实际情况采用不同的指标类型对其员工进行考核。但一般来说，绩效考核指标的设置必须符合 SMART 原则。其具体内容如下。

◆ Specific（**具体明确的**）：指标必须明确和具体，使被考核者和考评者都能准确理解其内容。

◆ Measurable（**可量化的**）：指的是考核指标必须是可以数字化的，最终考核结果可以直接用数字体现。

◆ Attainable（**可实现的**）：指标的设定一定要是被考核者通过一定努力可以实现的，不能过高，也不应过低。

◆ Relevant（**实际性的**）：这要求指标是基于公司实际情况制订的，是客观存在的而非虚构的。

◆ Time bound（**有时限性的**）：指标的考核要在一定时间范围内进行，考核期间对于每位被考核者来说是相同的。

考核的方法决定绩效考核的实施方式

不同的评价维度，对应的是不同的绩效考核方式，因此绩效考核方法也不止一种，下面来具体了解一下。

1. 量表评价法

量表评价法是指在考核过程中考评人员按照预先设定好的表格来对被考核人员进行逐项考核的方法，其量表结构主要由两大部分构成，一是考核指标，二是各项考核指标对应的权重系数。量表评价法是目前运用最为广泛的考核方法，它对于定性和定量考核比较全面，且无论被考核人数多少都适用。量表评价法的考核步骤如下。

◆ 列出考核指标，根据考核指标设计等级评价表。

◆ 给所有的考核指标附上相应的权重。

◆ 对每一个考核指标和权重做出相应说明。

◆ 考评者根据考核指标对被考核者逐项打分，对所有的考核项所得分数进行加总，得出最终的评价结果。

量表评价法的具体量表样式如表 3-2 所示。

表 3-2　量表评价法的样式

员工姓名：		工作部门：		职务：	
工号：		评价人：		评价日期：	
评价因素	极差（20）	差（40）	中（60）	良（80）	优（100）
工作数量					
工作质量					
工作态度或纪律					
客户 / 产品维护					
创新能力					
评价意见：	人事部意见：		员工意见：	极差：不能完成任务 差：勉强完成任务 中：基本完成任务 良：较好完成任务	
评价人签字：	负责人意见：		员工签名：	优：出色完成任务	

2. 目标考核法

目标考核法是指通过设定的绩效考核指标，对被考核人员的目标完成情况进行考核的方法，这种方式将考核结果和目标指标进行对比，得出达到或超过预期目标的结果，通过该结果对被考核者的工作情况进行评价。目标考核法的考核步骤如下。

◆ 根据工作岗位和属性确定每位员工的考核目标。如销售人员可以将固定的销售量作为考核目标，客服人员可将回访量和为客户答疑的量作为考核目标。

◆ 制订评价标准。例如销售人员可用销售任务完成率，客服人员可用回访率和客户满意率等。

◆ 进行绩效考核。对员工各自的任务目标完成情况进行最终核实和评价。

◆ 检查和修正。对员工的整体完成情况进行分析，看现有的目标是否符合员工的能力水平，是否需要进行相应的调高或调低。

3. 平衡计分卡考核法

平衡计分卡考核法是以公司战略为基础，从财务、客户、内部运营以及学习和成长 4 个角度对员工进行考核的方法。

平衡计分考核法通过对公司战略和员工考核的结合，将员工和公司统一成为一个整体，其考核的关键是根据这 4 个方面的考核内容确定相应的测评指标，然后再根据相应的指标进行考核得出结果，如表 3-3 所示。

表 3-3 平衡计分考核法 4 个考核维度及其对应的考核指标

考核维度	关键成功因素	关键测评指标	责任人或部门
财务	增加利润率	利润、业务增长量和总产值	财务管理部、市场部和工程部

续上表

考核维度	关键成功因素	关键测评指标	责任人或部门
客户	客户关系	客户满意度和忠诚度	市场部和客服部
内部运营	科技创新	产品研发或业务模式更新	市场部和技术部
学习和成长	员工能力	收入增长率和参与培训率	人力资源部

4. KPI 考核

KPI 考核即关键绩效指标考核，它是提取几个关键的绩效因素对员工进行考核的方式，简化了考核过程。以下列举的是公司内不同部门人员的一些 KPI 考核指标。

（1）财务部员工。财务报表报送审核、财务报告及时性和准确性、财务核算差错率、财务预算误差率、财务体系建设和培训、保密责任、团队精神及领导力等。

（2）市场部员工。市场调研计划达成率、市场策划方案成功率、新产品市场占有率、新产品市场开发成功率、促销前后产品销量变动幅度、品牌市场价值增长率及市场推广费效比等。

（3）广告部人员。广告计划宣传结果、广告策划方案成功率、广告投放客户满意度、广告效果跟踪评估及广告成本控制情况等。

（4）售后服务部人员：客户信息管理、产品技术支持提供情况、产品维修和更换及投诉情况处理。

（5）销售部人员。销售任务完成率、客户交易率、新增客户数、新增交易客户数、新增客户交易量及新增客户收入等。

（6）行政部人员。工作完成情况、其他部门人员满意度、协调能力、工作态度及突发事件处理能力等。

明确考核范围、对象及参评对象

考核最终的实施对象是每位员工, 因此, 考核范围和对象的明确是考核实施的落地点, 伴随着考核对象的确定, 考评人员也需要一并确定。

考核范围和对象的确定, 就是被考核者的确定过程, 一般来说, 考核对象分为常见的考核对象和特殊的考核对象两类, 常见的考核对象划分标准一般有以下几个。

第一, 从理论上来说, 公司所有员工都是考评对象, 包括普通员工、部门负责人和领导层人员。

第二, 考评是分层级的考评, 一般是上级对下级进行考核。

第三, 绩效考核刚开始实施时, 可以先从部门经理开始, 试行一段时间后再推行到普通员工。

第四, 领导层的考核, 一般是先考核各大部门的总负责人, 然后再在具体部门和员工内进行。

除了常见的考核对象之外, 还有特殊考核对象, 比如部门经理, 当其作为考核对象时, 处理方法如下。

一, 部门经理和部门的考核结果等同。这适用于部门规模较小且部门经理对部门的贡献和影响起很大作用的情况。

二, 权重分配。部门经理个人考核结果和部门考核结果分别占一定比重, 如 70% 和 30%, 最终形成考核结果。

三，直接将部门考核结果乘以部门经理考核结果作为其最后考核结果。

与考核对象一样，参评对象一般也有两类，分别是常见的考核主体和其他考核主体，常见的考核主体一般有两个：考核对象的上级及客户。其他考核对象一般有以下5个类别。

◆ 考核对象本人。

◆ 考核对象上级的上级。

◆ 其他部门负责人。

◆ 其他部门有业务接触的员工。

◆ 人力资源部。

考核结果确立和反馈机制

考核结果确立就是根据参评人员对考核对象的考核情况进行统计，最终形成考核结果的过程，考核结果反馈是部门经理或领导对于被考核人员的考核结果给予的反馈意见，考核结果的确立是为考核的反馈服务。

考核结果确立比较简单，一般是由人力资源部负责，对于被考核员工的考核评价进行最终汇总，得出最终的考核结果，并告知被考核对象、参评人员及公司领导。

绩效反馈是考核者对被考核者成绩的肯定以及改进意见的提出，通常采用面谈的形式，其步骤一般包括面谈准备、面谈过程以及绩效改进计划3个部分，具体如图3-1所示。

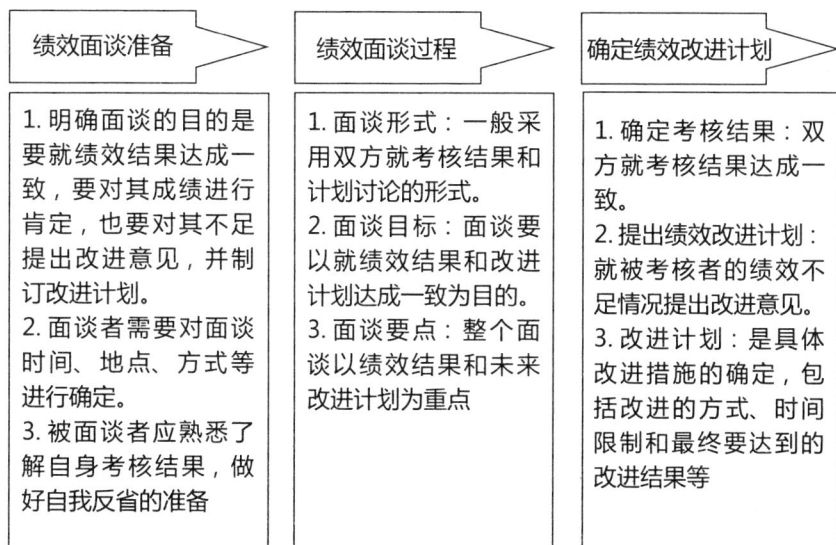

绩效面谈准备	绩效面谈过程	确定绩效改进计划
1. 明确面谈的目的是要就绩效结果达成一致，要对其成绩进行肯定，也要对其不足提出改进意见，并制订改进计划。 2. 面谈者需要对面谈时间、地点、方式等进行确定。 3. 被面谈者应熟悉了解自身考核结果，做好自我反省的准备	1. 面谈形式：一般采用双方就考核结果和计划讨论的形式。 2. 面谈目标：面谈要以就绩效结果和改进计划达成一致为目的。 3. 面谈要点：整个面谈以绩效结果和未来改进计划为重点	1. 确定考核结果：双方就考核结果达成一致。 2. 提出绩效改进计划：就被考核者的绩效不足情况提出改进意见。 3. 改进计划：是具体改进措施的确定，包括改进的方式、时间限制和最终要达到的改进结果等

图 3-1

此外，还可以从以下几个方面来做好绩效反馈工作，确保反馈效果使参与双方都满意。

首先，反馈前做好充分的准备。面谈人应对被面谈人员的情况进行充分了解，以保证面谈的顺利进行。

其次，面谈的最大基础是事实依据。应把事实作为反馈的唯一依据，就事论事，充分尊重员工。

最后，肯定员工的成绩和努力。对员工表现优异的地方一定要首先给予肯定，而不是一味地批评，这有利于员工接受改进意见。

绩效考核不得不知道的要点

绩效考核对于每位员工来说都是至关重要的事情，因此对于考核的必要事项了解得越充分，考核事前、事中和事后的工作才能做得越细致，也就越能保证考核的公平公正。

成立考核团队，将考核权利分散给多人

一般来说，为了保证考核结果的公平性和客观性，会用成立考核团队的方式来代替单独一人对被考核者进行考评的模式，因此这就涉及考核团队成员的挑选问题，若考评人选择不当，可能会导致考核一败涂地，下面来看一则小案例。

为了加强绩效考核工作，某啤酒公司专门成立了绩效考核办公室。这个办公室归公司董事长直接领导，由董事长指定人员作为办公室负责人，主要职责是对公司所有部门负责人进行业绩评价。被考核者的考核内容和考评标准都由绩效考核办公室负责人提出，最终考核结果也由其评定。在考核过程中，无论是考核指标的确定，还是考核结果

的评价，都由办公室负责人与每个部门负责人商讨后决定，因此最终每月末评定的结果是所有部门负责人的评分都在 90 分以上，而且彼此相差不大，这样"商量"下来的考核指标和考核评价，最终不仅没有达到预期效果，还浪费了公司的人力、物力和财力。

从以上案例可看出，该公司虽然看似成立了考核团队，但实质上考核权利还是仅仅掌握在一个人的手中，且相关考核指标和考核结果的确定都没有统一既定的标准，缺乏公正性，最终导致该公司考核结果的失败。因此，从中我们可得出一些成立考核团队时值得注意的事项。

◆ 考核团队成员应为多名，且团队中每位成员的考核权利都应一致。

◆ 若考核团队负责公司所有部门和人员的考核，那么团队成员一定要涵盖每个部门，这样才能做到考核人员对所有考核部门和人员的业务或工作都了解。

◆ 所有考核指标和评价标准都应在考核前确定且不能更改，考核团队成员应严格按照指标和标准进行考核。

◆ 考核的结果肯定是呈正态分布的，即有好有坏，若最终考核结果显示各部门或人员之间差异不大，则说明考核不是有效的。

明确考核团队成员责任，明确义务

考核团队成员的评价最终决定被考核人的考核结果，因此对于考核团队及成员的约束机制十分重要，约束机制主要包括明确绩效考核团队及成员的责任是什么，并确定以什么方式来确认其责任的履行。下面就来看一下考核成员的责任以及确保其履行责任的方式。

（1）充分了解考核指标和评价标准的责任。这是进行考核和评价的前提，考评人员若是对考核指标和评价标准不能熟悉和正确理解，那么公正的考评也就无从说起。为确保该责任的履行，可以采取逐一检查的方式，对于每项考核指标和评价标准，由人力资源部负责向考核人员一一确认其已经正确理解了以上内容。

（2）严格执行考核指标和评价标准的责任。考核结果只能根据考核指标和评价标准做出，若对于同一个部门或人员的考核，其余考核成员的考核结果都大致一致，但其中一个考核成员的考核结果特别突出，那么就有理由怀疑该成员考核的客观性。对此，可以采取人员隔离的方式，对于考核成员与被考核者存在特殊关系的，可以在被考核者的考核结果中剔除该成员的考核评价；此外，还可以采取一些惩罚措施，约束考核成员的主观或不公正行为，比如将被考核者考核结果直接归零、对考核成员进行罚款或公开通报批评等。

（3）考核成员之间互相监督的责任。考核成员之间互相监督，有利于约束他们之间的行为，使考核结果更公正。为确保该责任的履行，可以采用以下方式：考核成员对于被考核者的考核评价彼此相关并负责，就是说若是某一位考核成员的考核结果不公正，则其他成员中的一位或几位都将负有连带责任。

绩效考核的具体实施

绩效考核的实施，一般是通过制订具体的绩效考核方案来进行，下面来看一个案例。

××公司绩效考核方案

一、目的

为保证公司战略目标的顺利实施，通过利用绩效考核激发员工的工作激情，最终实现企业与员工双赢，特制订本方案。

二、被考核人员范围

公司各部门经理和一般管理人员。

三、考核周期

实行半年度考核。每年 7 月 1 日～7 月 15 日考核周期为当年 1 月 1 日～6 月 31 日，次年 1 月 1 日～1 月 15 日考核周期为上年 7 月 1 日～12 月 31 日。

四、考核团队成员

负责人：公司总经理。

成员：公司副总经理、各部门负责人和人力资源部。

五、考核方式

目标管理考核法。

六、考核指标

部门经理考核指标：

1. 公司经营指标完成情况

主要以销售收入、利润、现金流、应收款的压缩、员工社会保险缴纳和工资的发放等指标完成情况为考核依据。经理考核权重占 40%，副经理考核权重占 30%。

2. 工作业绩

以每月末部门工作会议确定的工作计划为考核内容。经理和副经理考核权重占 25%，副经理考核权重占 35%。

3. 基于公司战略目标上的业务规划和实施方案

经理考核权重为 10%，副经理考核权重为 5%。

4. 部门内队伍建设

主要是指部门内人员和岗位分配的合理性以及人员素质的提高程度。经理考核权重为 10%，副经理为 15%。

5. 综合素质

包括管理能力、专业能力、创新能力及其他部门和客户满意度等。经理和副经理考核权重均为 10%。

6. 临时任务完成情况

主要是指上级交办的临时任务，经理和副经理考核权重均为 5%。

一般管理人员考核指标：

1. 公司经营指标完成情况

主要以销售收入、利润、现金流、应收款的压缩、员工社会保险缴纳和工资的发放等指标完成情况为考核依据。权重占 20%。

2. 工作业绩

以每月末部门工作会议确定的工作计划为考核内容，权重为 50%。

3. 职责范围内的业务指导

权重为 5%。

4. 综合素质

包括工作能力、责任心、创新能力和积极性等，权重为 20%。

5. 临时任务完成情况

考核权重为 5%。

七、考核评分原则

1. 优秀，120～130 分。工作绩效大大超出规定要求。

2. 良好，110～120 分。工作绩效超出规定要求。

3. 合格，90 ~ 110 分。工作绩效达到规定要求。

4. 需改进，70 ~ 90 分。工作绩效基本达到规定要求。

5. 差，50 ~ 70 分。工作绩效距规定要求相差很大。

八、其他

该方案最终解释权利归 ×× 公司所有。

×× 年 ×× 月 ×× 日

不同公司实际情况不同，具体的绩效考核方案也必定有所差异，公司领导应根据具体状况确定以上方案中的各项内容，如考核周期、考核团队成员等都可根据自身情况调整，绩效考核指标也可进行相应增减，考核结果也可采用评分以外的形式，如考核等级。总之，没有可以完全复制的考核方案，最适合的方案才是对公司和员工最好的。

绩效要进行过程管理

绩效的过程管理就是对绩效形成过程进行有效控制，绩效形成过程直接影响绩效结果，这也是进行绩效管理的最大原因。常用的绩效管理过程控制方式有以下两个方面。

1. 持续的绩效沟通

绩效沟通是绩效过程管理的核心，是指在绩效考核实施过程中，被考核者和考评者就绩效考核结果和考核制度本身存在的问题进行沟通，寻找解决办法，最终改善绩效考核结果以及完善考核机制的过程。

绩效沟通有正式沟通和非正式沟通两种，正式沟通包括定期的会议、定期面谈以及定期的书面报告等；非正式沟通包括非正式会议、闲聊以及进展回顾等。其中，定期的书面报告是最常用的方式，它是用文字或图表向管理者汇报一定时期内的工作进展，如表3-4是工作月报样式。

表3-4　工作月报样式

工作任务／目标	现状	困难和问题	解决建议	需要的支持

2. 绩效信息的收集

效率信息的收集是指对绩效实施过程中的信息进行收集，用于作为进行绩效评价的事实依据。收集的信息内容包括以下几个方面。

◆ 工作目标或任务完成情况的信息收集。

◆ 客户的各类反馈意见。

◆ 工作绩效突出的行为表现。

◆ 绩效有问题的行为表现。

绩效信息的收集方法有观察法、工作记录法和他人反馈法，以工作记录法为例，如表3-5所示是工作记录表样式。

表3-5　工作记录表样式

工作内容	工作完成情况	实际与计划的差距	临时任务	待办事项

既统一又独立的绩效考核

绩效考核既是统一的，又是独立的。一方面，各部门、各员工的绩效考核都要以公司的整体战略目标为基础，与公司整体目标相统一；另一方面，不同部门，不同岗位因承担的职责不同，绩效考核又会有所差异。

确立各部门具体的考核指标

绩效考核指标的确定是考核能够得以落实的前提，公司整体战略目标决定各部门的绩效考核指标倾向，而个人绩效考核指标又在部门考核目标下确定，因此，各部门的考核指标的确定起着承上启下的重要作用。

部门的绩效考核是指将部门整体作为绩效考核的对象，而不是部门负责人或部门员工，部门考核指标也是针对整个部门的考核指标，不是针对某个人。部门绩效考核一般是以部门业绩和部门满意度两大指标进行考核，在两大指标下对考核维度进行细分，如表 3-6 所示。

表 3-6　两大部门考核指标

一级考核指标	二级考核指标	考核维度
部门业绩	部门工作绩效	任务绩效
	部门工作能力	管理绩效
	部门工作态度	
部门配合满意度	客户满意度	周边绩效

各部门的具体考核指标都应该以两大考核指标为基础和指导，围绕两大指标细分而成，但因职能不同，各部门的细分考核指标又会有所差别。

各部门的考核指标提出一般由该部门经理负责，部门经理最了解部门的各类情况，拟定的考核指标也更具有实际意义，但为了避免有的部门经理完全出于个人利益而确定考核指标，因此在其初步拟定考核指标后需要经过公司内部的各项审核才能形成最终的考核指标。

形成各部门的考核表

为便于考核的执行，各部门的考核指标应尽量细分，且指标形成后应在表格中逐一列出，形成考核表格，此外，考核指标和表格一旦形成，不应再轻易修改。下面列举的是人力资源部、财务部和行政部的绩效考核指标，分别如表 3-7、表 3-8 和表 3-9 所示。

表 3-7　人力资源部绩效考核指标

考核指标	指标定义／计算公式
人力资源工作按计划完成率	实际完成工作量／计划完成工作量 ×100%

续上表

考核指标	指标定义／计算公式
招聘计划完成率	实际招聘人数／计划招聘人数 ×100%
培训计划完成率	实际培训次数／计划培训次数 ×100%
核心员工流失率	流失的员工总数／公司核心员工总数 ×100%
绩效考核计划完成率	按时完成的绩效考核工作量／绩效考核工作总量 ×100%
绩效考核中申诉处理及时率	及时处理的申诉数／总的申诉数量 ×100%
工资和奖金计划差错率	工资或奖金计算错误次数／发放奖金和工资总次数 ×100%
员工任职资格达标率	当期达到考核标准的人数／当期员工总人数 ×100%

表 3-8　财务部绩效考核指标

考核指标	指标定义／计算公式
公司财务预算达成率	公司实际年度支出／公司预算年度支出 ×100%
财务分析准确率	（财务报告总次数－财务报告出错次数）／财务报告总次数 ×100%
财务费用降低率	财务费用降低额／财务费用预算额 ×100%
财务处理及时率	按时处理的财事项／需要进行财务处理的总事项 ×100%
现金收支准确率	现金收支出错次数／现金收支总次数 ×100%
工资和奖金计划差错率	工资或奖金计算错误次数／发放奖金和工资总次数 ×100%
财务资料完整性	财务资料损坏、丢失和泄露的次数

表 3-9　行政部绩效考核指标

考核指标	指标定义／计算公式
行政工作计划完成率	行政工作实际完成量／行政工作计划完成量 ×100%

续上表

考核指标	指标定义／计算公式
后勤工作完成率	后勤工作实际完成量／后勤工作计划完成量 ×100%
行政费用预算控制率	行政费用开支额／行政费用预算额 ×100%
行政办公设备完好率	完好设备总数／办公设备总数 ×100%
办公用品采购按时完成率	按时采购的办公用品数量／应采购办公用品总数 ×100%
后勤服务满意度	公司全体员工满意度总和／员工总数
消防安全事故发生次数	考核期内消防安全事故的发生次数
部门协作满意度	协作部门的满意度总和／协作部门数量
车辆调度合理率	因车辆调度不合理的投诉次数／车辆调度总次数 ×100%

部门考核指标的上报和审核

公司内部需要一系列的审核机制，考核指标的确定对于公司和员工来说至关重要，其审核更是必不可少。审核流程如图3-2所示。

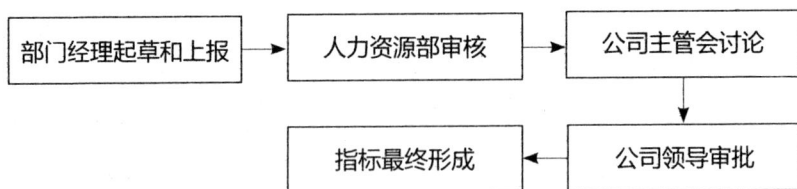

部门经理起草和上报 → 人力资源部审核 → 公司主管会讨论

指标最终形成 ← 公司领导审批

图 3-2

以上涉及的各个审核部门或人员都应严格按照公正客观的标准进行审核，下面介绍一下具体的审核要求。

1. 人力资源部审核

人力资源部是审核的第一关卡，也是最为关键的。当部门经理将考核指标上报至人力资源部时，人力资源部可根据以下几方面内容进行指标的审核。

◆ 指标是否完整准确，是否涵盖了部门的所有职责。

◆ 指标是否容易理解，是否有相应说明。

◆ 指标是否有准确的衡量方法或计算公式。

◆ 各项考核系数或比例分配是否得当，且所有系数或比例加总是否为 1 或 100％。

◆ 指标中的主观因素指标占比是否适当。

2. 公司主管会讨论

在人力资源部对指标经过初步审核并通过后，人力资源部负责人和上报指标的部门负责人应一起在公司定期举行的主管会上就指标内容征询其余部门主管意见，为了使各部门主管有充分的时间熟悉和了解指标，应在主管会之前 1～2 天将指标内容通过内部邮件或其他方式告知各主管，以便其在主管会当日对指标内容表达准确的意见。各部门主管的审核可以从以下几方面来考虑。

◆ 指标是否具有客观性和操作性。

◆ 指标是否有与其他部门存在冲突的地方。

◆ 进行指标量化计算的部门是否能根据指标设置的要素进行准确计算。

若任意主管对考核指标有意见或建议的，应根据其建议进行指标的修正，修正完毕后再次报公司主管会审核，直至主管会成员全员无异议通过考核指标。

3. 公司领导审核

考核指标在通过公司主管会的审核后，需要公司领导的最终决策。公司领导对于指标的审核一般是从大局方面考虑，主要可以参考以下 4 个方面因素。

- ◆ 指标设置是否与公司战略目标相符合。
- ◆ 指标是否符合成本效应。
- ◆ 指标是否具有公平性。
- ◆ 指标是否具有长期性和稳定性。

4. 指标最终形成

指标在通过公司领导审核后就正式形成，指标形成后人力资源部应将该事项告知从起草到形成过程中涉及的所有人员，起草指标的部门负责人还应将最终形成的指标告知部门所有员工，并通过正式的部门会议对所有指标进行逐一讲解，直至所有部门员工对考核指标做出准确的理解。

部门考核指标的公示和实施

部门考核应是公司内部公开透明的考核，因此，具体的考核指标也应是公开的，这有利于监督考核是否公正。考核的实施一般都是通过制订考核方案来进行。

部门考核指标的公示和实施一般都是由人力资源部来负责，考核指标的公示主要是将最终形成的部门考核表在公司内部公开，有多种公开方式，例如发送公司内部统一邮件或公司全体员工会议上统一公开等。

部门考核指标的实施主要是人力资源部通过拟定绩效考核方案来进行，绩效考核方案中的考核指标应完全依照最终通过的考核指标进行设置，考核方案中除了需要列明考核指标外，还需要对考评人员、考核周期、各考核指标权重和评分规则等做出明确规定，下面具体来看一个有关部门考核的案例。

××公司行政部考核方案

一、目的

为了解公司行政部整体工作情况，分析其工作中的优劣，促进部门更好地履行其职能，特制订本方案。

二、被考核部门

行政部。

三、考核周期

实行半年度考核。每年 7 月 1 日～7 月 15 日考核周期为当年 1 月 1 日～6 月 31 日，次年 1 月 1 日～1 月 15 日考核周期为上年 7 月 1 日～12 月 31 日。

四、考评人员

负责人：公司总经理。

成员：除行政部以外的其他部门负责人。

五、考核方式

KPI 考核法。

六、考核指标及权重

1. 行政工作计划完成率：权重为 30%。

2. 后勤工作完成率：权重为 20%。

3. 行政费用预算控制率：权重为 15%。

4. 行政办公设备完好率：权重为 10%。

5. 办公用品采购按时完成率：权重为 5%。

6. 后勤服务满意度：权重为 5%。

7. 消防安全事故发生次数：权重为 5%。

8. 部门协作满意度：权重为 5%。

9. 车辆调度合理率：权重为 5%。

七、考核评分等级

考核标准	优秀	良+	良	中	需改进
考核得分	95 分以上	86～95 分	76～85 分	60～75 分	60 分以下
考核等级	A	B	C	D	E

八、指标确定方式

以上考核指标以部门负责人提出且公司领导最终审核为准，若有任何疑问可随时向人力资源部反馈。

九、其他

本方案自颁布之日起实行并生效，最终解释权归人力资源部所有。

××年××月××日

以上为行政部的部门考核，其余部门的考核方案可以参考该方案进行拟订。此外，每个公司业务类型不同，涉及的具体部门类型也不相同，因此公司领导在进行本公司部门方案拟订时应结合自身实际情况，确定各部门考核方案的各项内容。

不同岗位的员工考核标准不同

公司内部各部门职能各不相同，同一部门内不同岗位员工承担的职责也不相同，因此，绩效考核要做到真正的公平，就必须因人而异，区别对待。

公司高管的绩效考核

高管即高级管理人员，是指在公司管理层中担任重要职务并对公司经营管理起着至关重要作用的人，主要是指公司的总经理、副总经理和财务负责人等。高管人员的能力和水平直接影响公司的经营运转情况和整体效益，因此其绩效考核也是考核中的重中之重。

1.总经理和副总经理的绩效考核

总经理和副总经理是公司的主要管理者，在董事长决策下负责各类事项的具体实施安排，其考核应从全方面进行。具体考核指标如表 3-10 所示。

表 3-10　总经理和副总经理的绩效考核指标

指标维度	具体考核指标	权重	得分
财务类	净资产回报率	15%	
	主营业务收入	15%	
	利润率	10%	
	总资产周转率	5%	
	成本费用利润率	5%	
内部运营类	公司战略目标完成率	10%	
	市场 / 业务拓展率	5%	
	投融资计划完成率	5%	
客户类	市场占有率	10%	
	品牌市场价值增长率	5%	
	客户投诉增长 / 降低率	5%	
人力资源类	核心员工流失率	5%	
	普通员工流失率	5%	

2. 财务负责人的绩效考核

财务负责人对公司内部的财务管理和会计核算工作进行全面管理，负责公司整体财务预算制订，同时还参与公司内部重大经营决策，对公司的经营和发展起着不可替代的作用。其绩效考核指标如表 3-11 所示。

表 3-11　财务负责人的绩效考核指标

考核指标	权重	说明	得分
部门工作完成率	30%		
公司财务预算控制率	20%		
公司资金风险事项发生率	20%	情节严重当年绩效考核结果为 0，甚至辞退	
审计报告编制及时率	10%		

考核指标	权重	说明	得分
财务数据准确性	10%		
协助总经理完成财务目标情况	5%		
部门内员工管理情况	5%		

项目管理人员的绩效考核

项目管理人员对公司生产项目的事前、事中和事后的所有有关事项进行管理和负责，是项目的管理者，也是直接责任人，其绩效考核应与项目事项紧密相关。

一个好的项目管理人员，需要通过对项目过程的控制确保项目结果的合格，对于项目管理人员的考核指标，可具体参考表 3-12 的指标内容。

表 3-12　项目管理人员的绩效考核指标

考核指标	说明	权重	得分
生产事故发生率	发生事故次数 / 项目生产总次数 该项指标为扣分项，每发生一次事故则扣 10 分，造成严重后果的，考核期内项目管理人员考核分为 0，甚至辞退	0 ~ 100%	
质量合格率	质量合格项目 / 项目总数 ×100% 该项指标为扣分项，每个不合格项目扣 10 分，造成严重后果的，考核期内项目管理人员考核分为 0，甚至辞退	0 ~ 100%	
项目实际完成及时率	（项目实际完成天数 - 计划完成项目天数）/ 项目实际完成天数 ×100%	50%	
成本控制率	实际使用成本 / 计划使用成本 ×100%	30%	

续上表

考核指标	说明	权重	得分
项目款项回收率	实际收到的款项 / 应收款项总额 ×100%	15%	
文明施工情况	包括检查标志标牌、现场整洁情况、材料分类以及三防（防火、防爆、防毒）等情况	5 %	

对于项目管理人员来说，项目的质量直接体现在其把控项目的能力和自身管理水平，质量就是项目的生命。而事故会最终决定项目的成败，一个质量达标的项目，若是伴随着生产事故的发生，那它也不是一个好项目，不同程度的事故，会给公司带来不同程度的影响，严重的话甚至可能损害公司形象，使公司最终一败涂地。

不同的公司，项目类型不同，对项目考核的侧重点也不相同，公司领导应根据实际情况选择适合自身项目类型的绩效考核指标。

营销人员的绩效考核

营销人员是每个公司销售的主力军，营销人员的绩效也在很大程度上决定公司整体的销售业绩。因此，对营销人员的考核指标应基于公司整体营销目标进行设定。

营销人员的考核应以销售业绩及其相关事项为主，但同时也要兼顾其在工作行为表现方面的内容，因此，一般来说，营销人员的考核可以从业绩绩效、管理绩效和工作行为3个方面来进行，具体细分考核指标如表3-13所示。

表 3-13　营销人员的绩效考核指标

考核指标	细分考核指标	计算方式 / 考核标准	得分
个人业绩绩效（60%）	销售任务完成率（30%）	实际完成销售额 / 销售任务额 ×100%	
	贷款回收率（20%）	实际收回贷款数额 / 应收贷款总额 ×100%	
	客户满意程度（10%）	（服务客户总数 - 客户投诉次数）/ 服务客户总数 ×100%	
个人管理绩效（30%）	销售业务净利润（10%）	总销售额 - 总销售成本	
	销售业绩增长（20%）	（当月 / 年销售业绩 - 上月 / 年销售业绩）÷ 上月 / 年销售业绩 ×100%	
个人工作行为考核（10%）	专业程度（5%）	对销售的产品的了解程度	
	责任心（2%）	对于客户的后续服务情况和覆盖率	
	协作能力（1%）	与其他同事的沟通协调	
	勤勉（1%）	工作勤奋程度和敬业情况	
	忠诚（1%）	对于公司整体利益和形象的维护	

　　从本质上来说，个人业绩绩效和管理绩效的考核基础都是业绩，是可以具体量化的考核指标，可以完全客观地从数据方面进行考核，而个人工作行为的考核指标相对来说量化起来比较困难，考核结果也相对主观，但其在营销人员的考核体系中占比较小，可以避免考核结果主观因素大于客观因素的情况，保证考核结果的客观性。

非营销人员的绩效考核

　　这里的非营销人员，指的是除上述提及公司高管、项目管理人员和营销人员以外的其他人员，包括人力资源部门人员、财务部门人员、信息技术部门人员、行政部门人员及后勤部门人员等。

　　由于非营销人员的工作都相对流程化，具体量化起来也比较困难，因此在考核方面更多注重的是从工作内容方面进行考核，就其工作内容设置相应的考核指标和权重，下面来具体看一下人力资源部员工和信息技术部员工的绩效考核指标。

表 3-14　人力资源部门员工的绩效考核指标

考核指标	细分考核指标	计算方式／考核标准	得分
人事管理（30%）	人事报表数据出错率和及时率（10%）	出错率＝出错人数／员工人数 ×100%	
	考勤报表数据出错率和及时率（10%）	出错率＝出错人数／员工人数 ×100%	
	社保数据出错率和及时率（5%）	出错率＝出错人数／员工人数 ×100%	
	劳动合同签订及时率（5%）	已签订或终止劳动合同的人数／应签订或终止劳动合同的人数 ×100%	
绩效管理（20%）	绩效考核体系建设（10%）	在绩效考核制度实施过程中发现问题并完善考核体系	
	绩效数据提交及时率和准确性（10%）	每月初应提高上月的绩效考核报表	
薪酬管理（25%）	薪酬预算控制率（5%）	实际薪酬总额／预算薪酬总额 ×100%	
	薪酬计算和发放的准确率（5%）	（核算工资总人数－出错人数）／核算工资总人数 ×100%	
	工资发放及时性（5%）	是否按照约定时间进行工资发放	
	薪酬分析（5%）	通过工资数据分析对薪酬制度提出建议	
	公积金管理（5%）	公积金办理的及时性和准确性	
招聘管理（10%）	招聘完成率（5%）	实际招聘岗位数／空缺岗位数 ×100%	
	员工流失率（5%）	离职员工人数／员工总人数 ×100%	
培训管理（10%）	培训制度建设情况（5%）	现有培训制度实施的有效性	
	培训计划完成率（3%）	实际完成培训次数／计划完成培训次数 ×100%	
	培训满意度（2%）	每次培训后员工对培训内容进行评价	

续上表

考核指标	细分考核指标	计算方式／考核标准	得分
领导交办的临时工作（5%）	临时工作及时完成率	及时完成的临时工作数量／临时工作总量 ×100%	

从表 3-14 可以看出人力资源部门员工的考核主要以人事管理、绩效管理和薪酬管理 3 部分作为重点考核项目，同时加上对于招聘、培训以及临时任务的考核，使考核指标更加全面，囊括人力资源人员工作的每个方面。每个公司对于人力资源部门的要求不同，因此绩效考核的侧重点也可能不同，公司领导可以根据实际情况对以上指标的考核权重进行调整或对考核指标本身进行改动。

公司的信息技术部门负责整个公司的技术支持，对公司业务的正常运转起着重要作用，良好的绩效考核可以使信息技术人员更好地履行自身的职责，确保公司的正常运转。对于信息技术人员的考核可以参照表 3-15 中的指标来进行。

表 3-15　人力资源部门员工的绩效考核指标

考核指标	计算方式／考核标准	得分
业务数据提供及时率（40%）	及时提供业务次数／提供业务数据总次数 ×100%	
技术支持力度（30%）	对于需要进行技术支持部门的支持力度和及时有效性	
办公自动化建设目标达成率（5%）	办公自动化目标实际达成数／办公自动化目标预计达成数 ×100%	
电脑系统正常运行效率（5%）	电脑系统正常运行时数／电脑系统标准运行时数 ×100%	
故障处理及时率（5%）	及时处理故障数量／故障总数 ×100%	

续上表

考核指标	计算方式／考核标准	得分
电脑设备维护及时率（5%）	电脑设备实际维护次数／电脑设备计划维护次数 ×100%	
设备使用培训计划完成率（5%）	实际完成的设备使用培训／计划完成的设备使用培训 ×100%	
员工满意度评价（5%）	每个员工对信息技术人员进行打分评价	

可以看出，对于信息技术人员的考核，应以业务数据提供的及时性和准确性以及信息技术人员对于其他部门和员工的技术支持力度为重点，这是信息技术人员重要性的主要体现，业务数据是进行业务分析和了解员工情况的基础，而技术支持是员工工作效率的基本保障。

此外，信息技术人员还应保证公司电脑设备的正常运行，这是其最基本的岗位职责。对于其余部门员工的技术设备的培训可以使员工更加熟练操作工作需要使用的硬件设施，提高员工的工作效率。

以上列举的只是人力资源部员工和信息技术部员工的绩效考核指标，除了人力资源部员工和信息技术部员工之外，非营销人员还包括财务部人员、行政部人员及后勤部门人员等。

未提及的员工的考核，公司领导可以结合其本身的工作岗位、工作特征以及岗位目标等情况，参照前文内容，进行相关考核指标的选择，在确保考核指标与员工本身工作相关的情况下，还应该尽量使考核指标客观化，对于实在无法客观化的指标，可以使其对应的考核标准或计算方式尽量客观化，这样有利于保证整个绩效考核结果的客观性。

如何利用绩效考核结果进行公司管理

绩效考核是公司进行员工管理的一种方式，而员工管理的过程，实际上就是公司管理的过程。绩效考核的目的是通过绩效考核结果反映员工和公司整体情况，从而采取相应措施对公司进行管理。

确定薪资和奖金的主要依据之一

绩效考核结果往往直接影响员工的薪酬和奖金，这是绩效考核结果最主要的用途之一，绩效考核与薪酬和奖金挂钩，也是公平性的体现，能更好地发挥激励作用。

由绩效考核结果决定的薪资和奖金被统一称为绩效薪酬，这是因为它与绩效完成情况完全相关。将绩效考核结果应用于公司员工薪资和奖金的分配，主要有以下 3 种方式。

1. 在基本工资 + 绩效工资薪酬模式中的应用

这种方式下，员工的薪酬由基本工资和绩效工资两部分构成，其中绩效工资的多少完全由绩效考核结果决定，其计算方法如下。

绩效工资 = 绩效工资标准 × 绩效考核最终得分

其中绩效考核工资标准由公司领导层根据公司经营业绩和盈利水平决定，每个部门可能不同。

这种方式核算比较简单，在绩效工资标准确定的情况下，只要根据员工的绩效考核最终结果，即可得出该员工最终的绩效工资；此外，它也是公平的，处于同一绩效工资标准的员工，谁绩效考核结果好，得分高，得到的绩效工资也就高。

2. 在工资 + 奖金薪酬模式中的应用

该模式下，奖金一般根据不同的绩效考核结果等级被分为几个类别，具体如表 3-16 所示。

表 3-16　不同考核等级对应的奖金类别

绩效考核结果（分数）	奖金类别（元）
< 60	0
60 ~ 70	600
70 ~ 80	800
80 ~ 90	1 000
90 ~ 100	1 500

从上表可以看出，每一个绩效考核分数都会对应一个具体的奖金数额，员工绩效考核结果确定的同时，其可获得的奖金金额也就相应确定了，这种方式也比较简单，应用起来十分便利，实施便捷，是将绩效考核结果应用于奖金分配的主要方式。

3. 在年终奖中的应用

除了绩效工资和奖金之外，绩效考核的结果还经常被用于员工年终奖金的发放，绩效结果应用于年终奖主要是采用针对不同的考核结果设定不同的年终奖系数的方式。其计算方法如下所示。

年终奖金 = 年终奖金标准 × 年终奖系数

年终奖金标准和绩效工资标准一样，因部门和岗位而异，其标准的确定一般由公司经营业绩和该部门为公司创造的效益决定。年终奖系数的确定一般直接由员工的绩效考核结果决定，具体可参照表3-17。

表3-17　不同考核等级对应的年终奖系数

绩效考核结果（分数）	年终奖系数（元）
< 60	0
60 ～ 70	0.6
70 ～ 80	0.8
80 ～ 90	1
90 ～ 100	1.5

不同的公司，对于员工的考核指标不同，考核结果的分布情况也不一样。因此，绩效考核结果和具体系数的设置，公司领导可根据自身具体情况进行调整和优化，使其更符合公司实际。

考核结果直接决定被考核人的职位调整

除特殊情况外，绩效考核结果与员工的能力是正相关的，绩效考核结果越好，那么该员工的能力也就越强，相反，员工的能力就越弱。正是因为绩效考核结果是员工能力的直接体现，因此其常常被作为员工职位调整的重要参考要素。

考核结果直接决定被考核人的职位调整，最常见的是岗位级别或职称的调整，一般是通过对于不同的岗位设置不同的考核分数标准，然后根据员工的实际考核得分进行对应的岗位调整。表 3-18 是针对于不同考核分数的技术人员对应的岗位级别。

表 3-18　不同考核等级对应的年终奖系数

绩效考核结果（分数）	岗位级别	说明
< 60	实习技术人员	若考核结果连续 3 个月低于 60 分，公司有权解聘该员工
60 ~ 70	初级技术人员	
70 ~ 80	中级技术人员	
80 ~ 90	高级技术人员	
90 ~ 100	金牌技术人员	特别优秀的可作为公司储备管理人员

一般来说，针对不同的岗位级别，公司会设置不同的岗位级别工资，级别工资视公司实力和规模而定，通常范围是在 0 ~ 1500 元，因此，绩效考核等级在影响员工职位的同时也影响着员工的薪酬。

将绩效结果应用于职位级别调整是相同岗位之间的调整，除此之外，它还可能用于不同岗位之间的调整，主要有两种方式。

1. 考核不达标员工的岗位调整

可规定将综合能力较好，但连续 3 次或以上都达不到考核标准的营销人员强制调岗至公司后台部门，如行政部和人力资源部，对于不服从调岗的员工，公司有权与其解除劳动合同。

2. 考核结果优异人员的岗位调整

考核结果优异人员的岗位调整是指给予公司范围内考核结果前10% 的员工自由选择岗位的机会。这主要是给予绩效考核优异的员工鼓励和权利，若其觉得目前所在岗位不是自身最向往的岗位，那么可以在公司各部门空缺的岗位中选择一个进行调岗，若其原所在岗位部门负责人和被选择岗位部门负责人均同意该员工调岗，则该员工即可进行相应职位调整。这种方式可以很好地留住人才，最大限度地激发员工的工作热情，也增加了工作内部职位选择的灵活性。

被考核人根据考核结果进行工作改进

绩效改进是指被考核人通过绩效考核结果，得出考核结果和考核标准的差距，分析差距的原因，最终调整自己，不断提高其绩效考核结果，缩小绩效考核差距的过程。绩效改进是绩效考核的根本目的，若不进行绩效改进，绩效考核就没有任何的实际意义。

制订绩效改进计划是进行绩效改进最常用，也是最具操作性的方式，它需要经历以下几个步骤。

- ◆ **绩效考核结果认识和沟通**：首先，被考核人员要正视自己的绩效考核结果；其次，部门负责人还应就每位员工的绩效考核结果进行沟通交流。
- ◆ **分析优劣**：被考核人在认可考核结果的基础上，要对绩效结果进行客观分析，扬长补短，充分认识自己的劣势。
- ◆ **选择改进项目**：在考核的劣势中选择一项或几项作为未来一个考核期内的重点改进项目。
- ◆ **制订改进计划**：根据选择出的重点改进项目制订相应的绩效改进计划，改进计划应有具体目标。

绩效改进计划是绩效改进具体实施的主要依据，改进计划是否有效也直接决定绩效改进的效果。改进计划的有效性一般由其执行性的强弱决定。表3-19所示为某公司为员工制订的改进计划。

表 3-19 某公司员工绩效改进计划

改进项目	提升专业知识和技能	掌握沟通技巧	提高出勤率
主要措施	内部培训	自我提升	自我提升
辅导人员	部门负责人	人力资源部	人力资源部
目标效果	85 分	80 分	90 分
执行时间	4 月 1 日～4 月 30 日	4 月 1 日～4 月 30 日	4 月 1 日～4 月 30 日
改进人：		部门及岗位：	
部门负责人：		审核人：	
制订时间：			

由上表可知，一个具有可执行性的绩效改进计划，必须要包括明确的改进项目、改进措施、辅导人员以及通过改进要达到的目标效果，这样才有针对性和方向性，才更能达到改进的目的。

根据考核实施效果进行绩效考核制度优化

绩效考核制度和相应的考核指标并不是一成不变的，相反，为了使绩效考核最大限度地与公司目标和实际相符，应根据不断变化的内外部环境和对于绩效考核实施效果的分析不断对考核指标和制度进行改进和优化。

不同公司的绩效考核指标和绩效考核实施结果不同，因此各自的绩效考核制度优化的范围和方向也有所区别，没有统一的改进模式，但一般来说，绩效考核制度的优化有以下 4 个常见的方法。

1. 增加考核的实效性

员工的绩效考核中考核内容、考核流程和考核方法等都应该以考核目的为中心，以实际的考核效果作为考核的目标。首先，考核内容应该具体明确，考核内容越明确就越容易实施；其次，考核流程和方法应尽量简单和便于操作；最后，要重视考核的客观公正，绩效考核是针对公司全体员工的，范围广、工作量大且涉及利益面广，因此考核人员应充分认识考核的难度和可能存在的阻力，严格遵守考核标准，保证考核的公正性。

2. 考核双方对于考核内容的认同和理解

绩效考核是基于公司的战略目标进行的全员考核，因此，要想绩效考核最大限度地发挥效用，最基本的要求就是全体员工对考核内容和考核指标的认同。被考核人认同考核指标，才会根据指标内容去努力达成考核标准；考核人认同考核指标，才能更好地理解考核指标并更客观地评价考核指标。对此，可以采用培训以及不记名反馈意见的方式来加强公司全体对考核内容的认同和理解。

3. 加强对公司员工的培训，提高对人力资源管理的重视程度

为了提高员工的业务水平，必须对公司员工进行定期的培训，还要使公司领导认识到加强人力资源管理的重要意义。另外，公司还要对绩效考核制度进行客观的评价，要提高人力资源的利用率，还要加强对员工技能的培训，为员工创造出更多升职的机会。这需要在人力资源部和其余业务部门的配合下完成。

4. 协调各部门利益冲突

公司领导是绩效考核制度的最终决策人，也是各部门利益协调的负责人，在绩效考核中，涉及各个部门的直接利益，这就可能导致部门之间的利益摩擦，因此需要领导层协调各部门的利益冲突，使各部门就整体的绩效考核达成一致。这可以通过公司主管会议讨论的方式来进行协调。

绩效考核需要警惕的问题

绩效考核涉及的内容广泛，指标确定也比较复杂和困难，因此在进行指标选择和考核制度制定时需要注意的问题也相对较多。

考核定位不清导致考核效果脱离考核目的

绩效考核的目的是指绩效考核制定者通过绩效考核想要解决什么问题，达到什么效果。考核目的直接影响考核的实施，考核实施方法需要根据考核目的来确定。

考核定位不清，常常表现为缺乏明确的考核目的，这会使得考核流于形式，这样不仅不能将考核结果很好地应用于公司和员工管理，还导致公司白白浪费大量的人力、物力和财力，增加公司的成本。

此外，很多公司把绩效考核与员工薪酬联系作为唯一目的，其实"薪酬与绩效结合"应该是绩效考核的副产品，它是保证绩效管理能起到效果的重要手段，而不应该是绩效管理的主要目的。绩效考核最终的目的是用来帮助职工提升绩效，进而达到提升企业绩效的目的。

要解决公司考核定位不清的问题，就要建立科学的绩效考核目标，可以从以下两方面入手。

1. 绩效考核目标必须明确具体并且可实施

要保证考核目标的明确具体，就要使目标尽可能量化，比如销售人员的考核目标就可以直接设置为销售额，客服人员的考核目标可以直接设置为电话回访数。对于工作目标不便量化的岗位，可以根据实际情况灵活设置考核目标。如信息技术人员，不便要求其每月必须处理多少技术故障，但可以将其考核目标设置为技术故障处理成功率。量化的考核目标不仅利于员工的具体实施和把控，也更利于绩效目标达成效果的评价。

2. 分别设置不同部门及同一部门不同岗位人员的绩效考核目标

一方面，不同部门的工作职能和内容完全不同，因此绩效考核目标必定也不相同，如不可能用开发客户人数作为人力资源部员工的考核目标。另一方面，同一部门的员工，承担的职责也可能不同，不能设置同样的考核目标。如出纳人员和会计人员同属于公司财务部，但其工作内容并不相同，出纳人员主要负责公司的现金收支以及费用的报销，但会计主要负责凭证的审核、账目的核对以及纳税申报等，因此，虽然同属一个部门，但以上两个岗位的绩效考核目标肯定是不一样的。

考核方式过于单一或方法不当

大多数工作岗位的职责都是多样的，每位员工的工作内容也都不只一种，因此，在进行绩效考核时，对于同一员工承担的不同工作职责，也应使用不同的考核方式，若单纯使用一种考核标准，则无法保证考核方法对于每项工作内容都是合理的，同时，考核方法还因工作类型而异，针对不同工作的不同特点，采用不同的考核方式，否则可能导致考核方式使用不当。

考核方式过于单一一般表现为在对员工的绩效考核中，往往单纯采用上级对下级的单一考核和评定。这样的考核使得考核只涉及被考核者以及上级两个人，因此被考核者的考核结果完完全全由其上级直接决定，这会存在考核者凭个人喜恶对被考核者进行考核的情况，难以保证考核的公正客观。

同时，这种考核方式的结果是考核者的一家之言，给出的考核结果不一定能让被考核者信服，容易引发上下级之间的矛盾。针对此种现象，可以采取以下方式来解决。

◆ 采取多人考核的方式，除被考核者上级之外，可将其他部门主管以及人力资源部加入考核者当中。

◆ 平均分配每位考核者做出的考核结果的权重，至少不能出现某一考核者的结果对整个考核结果起决定性作用的情况。

◆ 建立考核反馈机制，由专人负责，被考核者可以就考核结果提出质疑。

考核方法使用不当一般表现为所选择的考核方式不适用于公司的实际情况，这主要是因为公司领导对于各考核方法的特点及适用情况不了解所致。

考核方法多样，常见的有评级量表法、图尺度评价法、交替排列法、强制比例法、关键事件法、行为锚定评定法和目标管理法等，只有充分了解每一种方法的优缺点，才能选择适合公司和员工的考核方式，公司领导可以通过对以上各种考核方法的优缺点进行分析，再结合公司和员工实际情况，选择一种或多种最合适的考核方法。

考核者和被考核者对考核的理解不一致

考核者和被考核者对考核的理解不一致，主要是指双方对于考核指标的理解不一致，出现这种现象可能有以下几个方面的原因。

- ◆ 考核指标本身界定不清晰，没有明确说明和定义。
- ◆ 指标制订者没有就考核指标内容向考核者和被考核者做出统一说明和确认。
- ◆ 被考核者对于考核指标没有充分学习和了解，只是一味盲目地接受。
- ◆ 考核者和被考核者双方在考核指标实施前没有进行充分地沟通交流。

针对以上可能导致考核者和被考核者对于考核指标理解不一致的多种原因，我们给出以下几种解决方法，供管理人员参考。

- ◆ 公司领导应明确要求考核指标制订人在制订指标时对每一项考核指标逐一做出明确清晰的解释，不能存在指标有歧义的情况；指标的各审核人在进行审核时也应注意指标的明晰性，对于界定不清晰的指标应不予通过。
- ◆ 在考核指标确定后，指标制订者应组织相关会议就指标各项内容向考核双方做出统一解释，接受并解答考核双方对于考核的所有疑问。
- ◆ 在考核指标确认后，被考核人应就考核内容主动学习，并完全理解考核内容。部门也可以统一组织员工进行考核内容的强制学习，确保每位员工都正确理解考核内容。

◆ 在正式实施考核前考核双方应进行正式沟通，就考核各项内容
达成一致认识，对于双方存在理解偏差的，应在考核实施前予
以解决和确认。

考核周期设置不合理

考核周期指的是考核的时间范围，常用的考核周期有月度考核、
季度考核和年度考核。考核周期设置不合理，一般表现为考核周期与
职位性质不匹配。为了避免这一问题，在设置考核周期时可以从以下
几个方面进行考虑。

1. 岗位性质

不同的岗位，工作的内容是不同的，因此绩效考核的周期也应当
不同。一般来说，职位的工作绩效比较容易考核，考核周期相对要短
一些。例如销售人员，其业绩是每天都可以明确量化统计的，因此其
考核周期就可以设置为一周或一个月。

2. 考核指标性质

不同的绩效指标，其性质是不同的，考核的周期也应不同。一般
来说，性质稳定的指标，考核周期相对要长一些；反之，考核周期相
对就要短一些。例如，客户满意度和出勤率等指标比较稳定，因此考
核周期也相对较长。

3. 考核标准性质

在确定考核周期时，还应当考核到绩效标准的性质，这是指考核
周期设置的时间应当保证员工经过努力能够达到考核标准。例如，若
销售人员的月平均销售额为 10 万元，而考核标准为 35 万元，那么其

考核周期就应该设置为季度考核。

晕轮效应、趋中效应及近因效应

晕轮效应、趋中效应和近因效应是考核中最常见的 3 种效应，都会不同程度地影响考核结果的客观性和公正性。

1. 晕轮效应

晕轮效应，是指在人际认知中，人表现出的某一方面的突出特征会掩盖其他特征，其他人的认知也会因为这一突出特征而忽略其他特征，从而影响对别人的评价。绩效考核中的晕轮效应表现为考核者会因被考核者存在的与考核指标无关的优点而在考核结果中加入主观因素，使原本考核结果不合格的员工变得合格，造成考核的不公平。

要避免晕轮效应，就要对考核人做出约束，如可以在考核制度中明确规定考核者必须严格按照考核指标和相应的考核标准进行考核，并在考核表中每一项考核标准下记录被考核者的考核结果和原因，最后汇总各项考核结果。

2. 趋中效应

趋中效应是指为了避免被考核者之间考核结果差距过大，而刻意将所有员工的考核结果划分为大致相同的水平。这会导致考核结果失去意义，无法区分被考核者的优劣。

这主要是考核执行不当导致的，要想解决这一问题就要对考核人做出必要的约束，如可以使用交叉考核的方式，对于考核人部门内员工或与其有特殊关系的员工，可以从被考核人中筛选出来，将其交给其他考核人负责考核，进行考核人员上的直接隔离。

3. 近因效应

近因效应是指人对于事物末尾部分的记忆比开头和中间部分的记忆更深，在绩效考核中就容易造成考核人对被考核人的评价过于依赖于被考核人最近的业绩或表现，而忽视前一部分的业绩和表现。

要避免这类现象发生，可以在绩效考核中将绩效考核周期尽量细化，比如把考核周期细分为以每周或每月为单位，这样一来，考核人就可根据具体考核周期对被考核者所对应的表现进行客观评价，而非过度依赖被考核者的近期表现。

第4章

管理者学激励

让员工自己跑起来

MANAGER MUST LEARN

目标激励：
用目标指引前进方向

公司经营需要公司战略目标的指导，员工的发展和进步也需要目标来激励。个人目标的设置可以使得员工更有目的性和针对性地提高自己，从而更有效地为公司创造效益。

目标的设置，让目标激励有据可依

在对员工进行目标激励之前，首先应设置目标。认识和了解有关目标设置的知识可以帮助公司领导设置合理的目标。

目标设置首先需要了解目标

依据不同的分类标准，目标可分为不同种类，目标种类不同，达成目标的方式也有所差异。就公司和员工来说，目标的分类和设置也不一样。公司目标是员工目标制订的基础，因此公司领导进行目标激励首先要明确公司的目标是什么。公司目标一般指经营目标，是公司在一定生产活动时期内经营效果所要达到的目标，可分为战略性目标和战术性目标两种，两者之间的区别和联系如表 4-1 所示。

表 4-1 公司战略目标和战术目标的比较

比较项目	战略目标	战术目标
定义	对公司一段时期内经营成果的期望值	对公司营销部门或其他部门的期望值

续上表

比较项目	战略目标	战术目标
时间范围	长期，一年以上	短期，一年以内
目标数量	一般只有一个，公司整体目标	一般有多个，每个部门不同
实现周期	实现目标所用时间较长，过程缓慢	实现目标时间短，反映公司短期利益
目标意义	是公司开展各项业务的基础，指导全公司业务开展	是各部门的短期目标，指导部门短期行为

战术目标是针对公司各部门的短期目标，战略性目标是针对整个公司的长期经营目标。战术目标的制订要以战略目标为指导，并为战略目标的实现服务。战略目标是公司常用的目标类型，它主要包括以下内容。

◆ **盈利能力**：指公司获取利润的能力，一般用利润、投资收益率、每股平均受益和销售利润等来表示。

◆ **市场占有率**：是指某公司的产品销售额占市场总销售额的比重，跟公司一定时间内的销售量直接相关。

◆ **生产率**：指每单位的成本投入获得的产出，一般用投入产出比率或单位产品成本来表示。

◆ **公司资金**：包括公司的流动资金和非流动资金，一般用资本构成、新增普通股、现金流量和流动资本来表示。

◆ **生产总值**：指公司一定时期内生产产品的总值，一般用生产量来表示。

员工的个人目标与一般意义上的个人目标不同，它在这里是指在公司经营过程中，在公司战略目标指导下，公司制订的每位员工需要达成的工作业绩目标标准，是员工的工作目标，也是公司领导对员工的工作要求。只有在公司的战略目标统一的情况下，才能制订出合理有效的员工目标。

目标设置的方式和技巧有哪些

目标的设置会对员工和公司绩效产生直接的影响，合理的目标能有效促进绩效增长，了解目标设置的方式和技巧，可以使公司和员工目标尽可能合理。

1. 目标必须是有难度的

目标若是过于简单，就会很容易实现，达不到激励和提高的目的，因此，不管是公司目标还是员工目标，都应在当前情况下进行一定程度的上浮。例如，若公司上年实现的净利润为 100 万元，那么在制订公司今年净利润目标时，就应在 100 万元的基础上进行一定比例的上浮，比如上浮 20%，这样的目标对于公司来说是有一定难度的，但是 20% 的增长空间，实现起来也是不会太困难的。

公司领导在设置员工目标时也一样，如销售人员，若上月全体销售人员的平均销售业绩为 5 万元，那么在制订本月销售人员的销售目标时，就应以 5 万元作为基数进行一定程度的上浮，比如 6 万元，这样的话可以给予平均值以下的员工一定的激励，同时，除了 6 万元的目标之外，对于销售业绩在平均值以上的员工，还可以设置阶梯式目标。比如 7 万元、8 万元和 9 万元等，这样的话可以使目标形成一定跨度，针对不同销售能力的员工都能起到激励作用。

2. 目标必须是可实现的

公司领导需要注意，给目标增加一些难度并不是意味着目标越高越好，过高的目标往往是脱离实际、无法实现的，这不仅不能激励员工，还会弄巧成拙，打击员工的积极性。例如，公司上年净利润为 100 万元，今年的净利润目标不能设置为 1000 万元，这显然与实际不相符。只有恰到好处的目标，才是最合理的目标，也才能最大限度地起到激励的作用。

3. 目标必须是有时限的

这里的时限是指目标必须有实现的时间限制，这是目标设置的必要要素。给目标设置时限，不仅可以保证目标完成效果，也便于对绩效目标完成情况进行考核。一般来说，目标的实现期间可以设置为月度、季度和年度，具体的实现期间要视目标的性质和实现难易程度而定。

设置目标的必要步骤有哪些

目标的设置是一项流程性很强的工作，需要严格按照具体的步骤执行，这样才能大限度地保证目标的有效性。

这里所讲的目标设置，主要包括公司目标和员工目标两个层次，其中公司目标主要指的是公司战略目标，员工目标主要指的是员工工资业绩目标。

公司战略目标是对公司经营成果的期望值，而经营成果指的是公司在一定时期创造的有效价值的总和，具体表现为公司总产值、总销售收入、净利润以及缴纳税金等。因此，公司领导在进行战略目标的设置时，需要注意遵循以下步骤。

（1）确定公司当期的主要战略方向。是以提高总产值为主，还是扩大市场规模和增加销售收入为主，或者是提高公司净利润为主。公司当期的主要战略方向可以为一个，也可以为多个。

（2）目标量化。在确定了公司整体的战略方向后，在这基础上进行目标的量化，确定想要实现目标的具体数额，如若将提高公司净利润作为战略方向，则要根据往年净利润情况对当期或下期净利润做出目标规划，决定出预期想要实现的净利润的具体数额是多少，或是在往年数据的基础上提高多少百分比。

（3）目标确定。公司领导层就初步设定的目标进行讨论，然后根据讨论结果对目标进行最终确定，领导层对目标无异议后，公司战略目标就正式形成。

公司目标确定了之后，即可进行员工个人目标的设定。员工个人目标的设定要为公司目标服务，这项工作公司领导可交由各部门经理负责，领导对最终目标进行审核即可，员工目标设定主要有以下几个步骤。

第一步，部门负责人根据公司目标初步制订员工目标。员工的目标制订一般是由部门负责人完成的，部门负责人在了解公司目标之后，应明确为实现公司目标本部门应从哪些方面入手，制订出部门目标，然后再将部门目标分解给部门内各员工并形成规范方案。很多时候，部门目标也会由公司领导直接规定，部门负责人直接对领导给予的目标任务进行细分到员工即可。

第二步，员工目标初审。这项工作主要由公司人力资源部完成，在部门负责人对员工目标形成初步方案后，人力资源部就方案的各项内容做初步审核，主要审核其内容的完整性。

第三步，员工目标再审。这项工作主要由公司各部门负责人完成，一般是通过主管会议来完成，审核的主要是目标的合理性和有效性。

第四步，员工目标终审。这项工作主要是由公司领导完成，这是员工目标确认的最后环节，主要是审核目标是否与公司目标一致，是否可持续实施。

目标执行需要由公司细分到个人

公司战略目标最终需要落实到部门和每位员工，这要依靠公司所有人的推动。而有效推动目标执行的关键前提在于怎样对公司战略目标进行合理分解，让每个部门和每位员工效用最大化。

设置公司战略目标

公司战略目标指引着公司各部门和各项业务的前进，是公司最重要的业务方向，因此，公司战略目标的合理设置至关重要。

公司战略目标包括总体目标、财务目标、市场目标、客户目标、规模目标和管理目标等多个方面，公司战略目标的制订可以将以上目标的其中一个作为重点，也可以同时将以上目标中的多个目标作为公司发展的重点。

一般来说，公司领导在制订战略目标中的各项目标时，可以考虑将各战略目标以前年度的数据作为参考，在其基础上进行一定比例的浮动，这样可以使目标设置得更加合理。下面通过一个战略目标设置的实例来对其进行讲解，具体内容如表 4-2 所示。

表 4-2　××证券公司××分公司未来 5 年战略目标

战略目标细分	未来 5 年目标	上个 5 年目标的达成情况
总体目标	公司利润率、复合增长率、市场占有率、基金销售额、新增客户量以及产品创新共同发展	本地市场占有率为 8%，公司收入达到 700 万元
财务目标	利润率达到 15%	利润率为 12%
规模目标	复合增长率平均保持为 12%	复合增长率为 10%
市场目标	本地市场占有率提升至 10%	市场占有率为 8%
基金销售目标	年均销售额达到 3 000 万元	年均销售额为 1 000 万元
客户目标	新增客户至 3 万个，交易客户增加至 1 万个	客户保有量为 2 万个，交易客户保有量为 5 000 个
创新目标	建立自己的核心投顾产品	暂无

可以看出，以上各项战略目标都是一个较为长期的目标，而其具体数额的确定都是以上一期间已达成的目标为基数进行一定比例的上浮形成的，这是在制订战略目标时最为常用的一种方式。具体的上浮比例要视公司的业务增长速度而定，业务增长速度较快的公司，其比例可以相应提高，反之就不能上浮太多。一般来说，公司业务增长速度对公司类型和产品开发依赖较大，处于朝阳产业的公司以及新产品开发成功的公司的业务增长速度与其他公司对比起来相对发展较快。

逐一分解战略目标

战略目标确定之后，目标分解就有了基础。战略目标量化的程度越高，分解起来就越容易，也更明晰，也就更利于执行。针对上一节内容中列举的战略目标，这里主要讲解一下基金销售目标的分解，如图 4-1 所示。

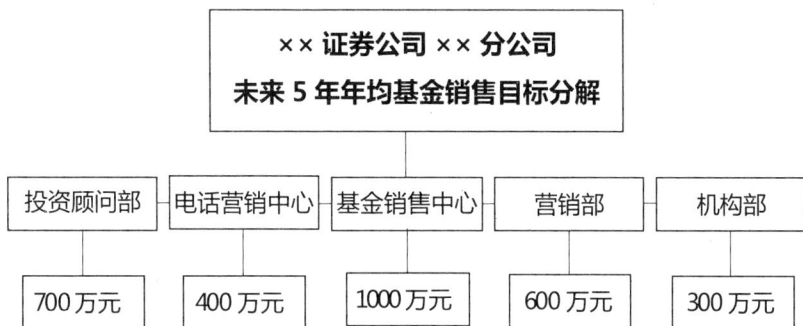

```
┌─────────────────────────────────┐
│     ×× 证券公司 ×× 分公司         │
│   未来 5 年年均基金销售目标分解    │
└─────────────────────────────────┘
```

投资顾问部	电话营销中心	基金销售中心	营销部	机构部
700 万元	400 万元	1000 万元	600 万元	300 万元

图 4-1

图 4-1 所示是该证券公司未来 5 年年均基金销售目标在各部门之间的分解，整体销售目标分解可以使公司各部门都参与到基金销售中来，而且都有明确的任务目标，目标在部门之间的分解让目标变得切实可行，更有利于总体目标的达成。

将公司目标分解到各部门只是目标分解的第一步，目标的最终执行人是每个部门内的各位员工，因此，在确定了部门的目标之后，需要将目标分解到部门成员，将责任分摊给每位员工，赋予每位员工达成公司目标的义务。以下将举例说明投资顾问部的基金销售任务在部门内如何分解，如下表 4-3 所示。

从表中可以看出，部门内的目标分解有两个维度，一是时间，二是人。首先，需要将目标以时间为单位进行划分，根据公司和目标的实际情况，可以将目标任务时间划分为月度、季度和年度，甚至还可以将其设置为以周为单位。

表 4-3　投资顾问部的基金销售目标分解

季度目标／员工	一季度（150 万元）	二季度（200 万元）	三季度（200 万元）	四季度（150 万元）
初级投资顾问（共 2 人）	12 万元／人	18 万元／人	18 万元／人	12 万元／人
中级投资顾问（共 3 人）	15 万元／人	20 万元／人	20 万元／人	15 万元／人
高级投资顾问（共 3 人）	15 万元／人	20 万元／人	20 万元／人	15 万元／人
资深投资顾问（共 2 人）	18 万元／人	22 万元／人	22 万元／人	18 万元／人

在对部门目标进行时间划分之后，就需要将各个时间段的目标数量细分到部门内的各个岗位及员工，公司领导需要注意的是，一般来说，任务目标不应在部门之间进行平均分配，因为部门内各岗位侧重点不同，各员工的能力也有差异，若平均分配目标，会导致能力相对较弱的员工可能无法按时按量完成任务，而能力较强的员工在完成既定任务之后也不愿再完成任务量之外的超额任务，这会导致员工资源的不合理分配，使达成目标的效果大打折扣。

相反，按员工能力进行差异化的任务分配，并给予完成任务多的员工更多的奖励，这既是公平性的体现，也能最大限度发挥员工的积极性，有助于按量甚至超额完成工作任务。因此，公司领导在进行目标审核时应该将这一要素纳入审核标准中。

选择适合公司的具体目标管理类型

目标的制订和分解是目标执行的两大基础工作，设定和分解目标的最终目的是方便目标的实施，而目标实施过程直接关系到目标最终的达成效果。为了保证目标任务的顺利达成，需要对目标实施的过程进行一定的约束和管理。

目标管理是指对目标实行过程进行控制，自下而上地保证目标实现的一种管理办法。依据不同的分类标准和目的，目标管理有不同的类型，不同的目标管理类型适用于不同的目标种类，具体如表4-4所示。

表4-4　目标管理类型

分类标准	具体类型	特点	适用目标类型
规定实现过程	业绩主导型	相对于过程，更重视业绩实现结果	总体目标、客户目标和市场目标等
	过程主导型	相对于结果，更重视业绩实现过程	创新目标
目标最终承担主体	组织目标管理	自上而下的全面管理	公司战略目标
	岗位目标管理	具体岗位的单一管理	员工个人目标
目标细分程度	成果目标管理	公司最终量化成果	公司战略目标和部门目标
	方针目标管理	以质量控制为核心	个人目标

目标管理需要和具体的目标种类相适应才能发挥目标管理的作用，对目标实施过程进行有效控制。除少部分公益性公司外，其他公司大多是追求业绩增长的，其目标也大多围绕业绩而制订，因此，目前业绩主导型目标管理是最常用的一种目标管理类型。

确定目标管理实施的具体范围

目标管理类型的确定决定了进行目标管理的方法，在方法确定的基础上，还需要确定目标管理的实施对象。

目标管理是一种整体的管理制度，跟公司战略目标一样是自上而下实施的，并且理论上是以全员为实施对象的，在实践中，在进行目标管理之初，以全体员工为实施对象比较困难，可能会影响实施效果，因此，在进行目标管理初期，公司领导必须考虑企业自身的实际情况，审慎决定实施范围，主要可以从公司规模、管理水平、经营范围和目标管理实施期间等进行考虑。下面就来看一下以上4个因素不同组合下对应的目标管理实施范围，如表4-5所示。

表4-5　不同公司情况对应的目标管理实施范围

公司规模	管理水平	经营范围	目标管理实施期间	目标管理实施范围
大	高	广	长	全体员工
大	高	广	短	全体员工
大	低	广	长	公司核心员工
大	低	广	短	重要部门和员工
中	高	较广	长	全体员工
中	高	较广	长	全体员工
中	低	较广	长	公司核心员工
中	低	较广	短	重要部门和员工
小	高	窄	长	全体员工
小	高	窄	短	全体员工
小	低	窄	长	核心部门和员工
小	低	窄	短	全体员工

从上表可以看出，以上4个因素的不同组合，会得出不同的目标管理实施范围。其中，公司管理水平是决定目标管理实施范围的最重要的因素：不论公司规模大小如何，当公司管理水平很高时，目标管理可以在全体员工范围内实施；若公司管理水平较低，那么目标管理只能在部分部门和员工当中实施。

这是因为公司管理水平的高低决定了目标管理实施过程的控制程度和效果，管理水平高，对于公司和员工的整体把控能力就好，目标管理控制效果就越好；相反管理水平低，对公司和员工的整体把控能力就弱，目标管理控制的效果也就越差。

此外，公司规模对目标管理实施范围也有较大影响，一般来说，在其他条件一定的条件下，公司规模越小，公司人员相对也就越少，目标管理也就越适合在全公司范围内推行。

目标管理的具体推行

目标管理的实施也是有迹可循的，是一个相对固定流程化的管理模式，它的推行需要具体方法作为指导，了解目标管理的实施流程可以帮助公司领导合理安排实施工作。

一般来说，目标管理的具体推行有 4 个基本步骤，即目标制订、组织实施、结果确认和评价以及目标重新制订，上面几节内容已对目标的制订和分解做了详细的讲解，这里主要介绍后 3 个步骤的内容。

1. 目标管理的组织实施

目标管理的组织实施是指确定了在目标任务量和对应的责任人之后，通过各种方式对目标实施过程进行管理，确保员工顺利完成目标任务量的过程。在这个过程中，目标管理责任人可以对员工采取一些约束措施来促进目标任务更好地完成。目标管理的组织实施主要涉及以下几个方面的内容。

（1）目标管理责任人。普通员工的目标管理责任一般为各部门负责人，部门负责人的目标管理责任人一般为公司副总经理，公司副总经理的目标管理责任人一般为公司总经理。

（2）目标管理约束机制。人力资源部制订公司约束制度，各部门制订相应的部门约束制度。

（3）目标管理实施方式。实施期间定期或不定期汇报目标完成情况，一般汇报的形式有目标任务完成表格、PPT、电脑部提供的个人业务数据以及工作记录表等。

2.目标管理的结果确认和评价

这主要是对目标任务的完成情况进行确认，然后根据实际完成结果对员工进行客观公正的评价。这一过程主要从以下几个步骤来进行。

（1）数据收集。部门负责人收集部门内员工在目标考核期内目标完成数据，该数据应由电脑部在目标完成期限结束后5个工作日内提供。

（2）会议确认。通过部门会议对各员工的目标完成情况进行核对和公示，明确各员工达成目标的情况，员工对数据有异议的，可立即提出并处理。

（3）结果评价。部门负责人严格依据数据结果对各员工的任务目标完成情况进行评价，并根据结果给予员工相应的奖惩。

3.重新制订目标

在上一目标考核期结束并完成结果确认和评价之后，需要制订公司到员工个人的新目标，新目标的制订可以在以前目标上进行修正和优化，主要考虑以下几个因素。

（1）公司战略方向。这是目标制订的大前提，若公司当期的战略方向较上期发生了很大改变，那么针对部门和员工的目标就要全部重新制订，而非修正优化。

（2）上一期目标执行效果。若上期目标执行完成率较好，说明目标制订是合理有效的，因此在制订当期目标时对上期目标稍加修改即可；若上期目标完成率很差，说明目标过高，可能不符合公司和员工实际，应根据实际情况重新制订。

（3）员工的反馈意见。这是极其重要的，通过上期目标的执行，员工能清楚知道目标设置的优劣，据此提出的反馈意见，也是极其有针对性的，对员工反馈意见的采纳不仅可以优化目标，还能增加员工对领导和公司的信任感和归属感。

目标制订和分解是目标管理的具体推行中的基础和前提，组织实施是目标具体推行的关键，结果确认和评价是目标管理的必要措施，目标的重新制订是目标管理具体推行的新一轮开始。

怎样确保目标有效执行

目标执行是否有效由目标的执行人也就是公司每位员工来决定，要保证目标执行的有效性，就要最大限度地保证每位员工的目标执行是有效的，这可以通过一些小技巧来实现，掌握了这些技巧，公司领导就可以有针对性地对员工进行相关要求，提高目标执行效率。

1. 可视化目标

可视化目标即把目标放在看得见的地方，这有助于员工随时保持对目标的注意力和紧张感，让其随时能提醒员工必须要完成的任务是什么，是一种直接促进目标执行的方式。

可视化目标有多种方式，如将公司目标和部门目标公示在公司会议室或其他显眼的地方，让每位员工每天都能看见；或是要求员工将具体目标任务打印出来贴在办公室上，并对每日完成任务量进行及时记录；把目标任务的电子档版本设置为电脑或手机桌面；将目标任务记录在笔记本中并随身携带等。这些方式都比较简单，却可以很好地提醒员工。

2. 进行工作完成记录

可以以部门为单位要求员工进行每日工作记录，部门领导和人力资源部负责对员工做出的工作记录进行查看和核实，对于实际完成任务量与要求任务量差距较大的，部门负责人可提前针对该员工采取措施，提高其工作效率和业绩。具体的做法可以要求每位员工将具体的任务量分解到每周或每天，并在工作记录表中按时间列出，再在计划完成目标旁边记录每日实际完成的任务量，两者进行对比，得出实际完成和计划完成的误差，分析原因，有针对性地改正。

3. 不断强调奖励制度

比起惩罚，很多时候奖励能更好地激发员工积极完成目标。因此，就公司和各部门的目标完成的相应奖励制度应指定专人持续为员工进行讲解，让每位员工充分理解奖励制度的内容，讲解的形式可以通过公司员工会议、晨会、部门会议或其他公开会议进行，为保证讲解效果，还应对其重复讲解，比如每隔两个月讲解一次。讲解完毕后可安排人力资源部将奖励制度的内容张贴在公司内显眼的地方。

在指定奖励制度讲解人员时，公司领导可以考虑由各部门员工轮流讲解本部门奖励制度的方式，这样不仅可以增进员工对于奖励制度的理解，还可以增加员工的认同感和责任感，更积极地去完成目标任务，获取奖励。

目标的修正优化

目标设定和分解是目标实施前的准备，目标管理是对目标实施进行过程控制，目标实施的结果也应有相应的控制和反馈机制，即目标的修正优化。

目标修正优化的步骤

目标的修正优化是指在对公司当前方向和状态充分分析的条件下，以前期目标为基础，对公司战略目标、部门目标及员工个人目标进行不同程度的修改，形成当期的新的战略目标、部门目标和员工个人目标。使其更符合公司领导进行目标激励的初衷，也更具现实操作意义。

目标修正是为了应对内外部环境的变化，或者为了落实企业内部更大更远的计划和目标，让公司目标和员工目标始终符合外部实际和公司内部情况。公司领导在安排目标修正时可以按以下思路考虑。

◆ **修正计划**：这是指若通过修正目标的实现计划就可以达到目标效果，那么就不用对目标进行修正，因此，目标修正的第一反应是看是否可以通过修正计划达到实现目标的目的。

◆ **修正目标达成时间**：若无法通过修正计划来达成目标，则可以考虑修正目标达成的时间，可以根据目标完成情况适时延长期限。

◆ **修正目标任务量**：是指增加或减少目标任务量大小，一般来说，在任务期内若目标已超额完成，则可增加任务量，若任务期内目标无法完成，可适当减少任务量。

◆ **放弃目标，全部修正**：若通过以上方式还是无法达成目标任务，那说明目标可能存在根本上的问题，就需要趁早彻底放弃目标，另外制订符合实际的目标。

从以上几个修正原则可以看出，目标修正的重点是先局部后整体，若能通过部分修正目标达到目的，那么就没有必要对整个目标进行修改，目标的修正应是循序渐进的，是以最少的修改达到修正目标的目的。

什么情况下需要进行目标修正优化

目标修正是因为当前目标已不再符合公司实际，也达不到最初制订目标的目的，目标修正也需要一定的方式方法。

有很多原因都会导致目标修正需求的产生，产生的原因不同，目标修正的方法也不相同，因此，公司领导需要了解在哪些情况下需要进行目标修正。主要有以下 3 种情况。

1. 外部市场环境的变化

外部市场环境的变化是指市场环境与制订目标时相比已发生了根本性的变化，导致之前设定的目标不再适合当前外部市场状况，这又有两种情况。

（1）外部环境变化导致目标本身失去意义。例如，公司的目标是进行某项新技术开发，但在目标制订后一段时间发现市场中其他公司已经完成该技术的开发和专利注册，因此，公司的目标也就失去了实际的意义，不得不终止执行。

（2）外部市场本身发生变化。这包括竞争对手实力的变化、政府政策的变化以及出现严重的经济危机，如严重的通货膨胀、汇率变动以及金融危机等，以上这些因素与公司目标均为正相关关系，即它们的正向变化有利于公司目标的实现，此时公司可以适时调高目标；若以上因素进行反向变化，则不利于公司目标的实现，此时可能要考虑调低公司目标或完全调整目标，以适应环境的变化。

2. 公司内部环境的变化

公司内部环境变化是促使目标修正的重要原因，公司内部环境变化一般是指内部各资源要素或公司整体情况的变化。

（1）公司资金面的巨大变化。资金面的变化，有两种情况，一是公司流动资金增加，使用充裕；二是流动资金紧缺，无法满足内部资金需求。若流动资金充裕，则用于实现公司目标的资金资源增加，目标达成的效率会更高，因此可以适当调高目标或增加目标类型；若资金紧张，没有充足的资金来满足实现目标的资金需求，目标的实现就将受到影响，此时公司领导就要考虑调低现有目标，或进行目标类型的缩减，暂时删除相对没那么重要的公司目标，保留必要的目标。

（2）公司经营战略的变化。这就涉及公司经营战略方向的变化，若战略方向发生了重大改变，那么相应的战略目标必定要进行更改。例如，经营战略方向由提高市场占有率变化为研发新产品，那么就要重新以新产品的研发为核心进行战略目标制订；而如果战略方向只是在提高市场占有率的基础上增加了研发新产品这一内容，那么只需在新的战略目标中加入新产品研发的相关内容即可，不必进行全面的更改。

3.内外部突发事件的出现

内部突发事件主要包括公司涉及重大经济纠纷或诉讼以及公司经历了重大的意外事故，如火灾和爆炸等，导致办公环境被严重损坏。外部突发事件主要包括国际形势的变化、金融风暴以及进出口政策的变化等。不管是内部突发事件，还是外部突发事件的发生，都会对公司目标产生不同程度的影响，公司领导应根据实际情况作出恰当的决策，决定是否对公司目标进行修改以及修改的力度等。

目标修正优化的具体实施流程

目标修正是一项系统性工程，修正优化并不是随心所欲的，而是因实际情况变化不得不做出的修正，公司目标的修正优化需要建立科学严谨的实施流程，以保证目标修正的有效性。

科学的目标修正需要依据一定的修正标准和方法，这样才能做到有的放矢，并确保修正是可以有效执行的。了解修正流程可以使公司领导在安排修正工作时更具方向性和针对性。

1.确定目标修正标准

确定目标修正标准是指明确在面临哪些情况时需要进行公司目标的修正，可以看作是目标修正的触发机制，有以下两类标准。

（1）目标修正的情境标准。这是指因内外部情境变化而触发公司目标的修正机制。这里的情境 W 包括内外部情境，公司内部情境包括公司内部经营状况变好或恶化、公司领导层或目标的主要执行人大量变动和资金断裂等；外部情境包括自然灾害发生和国际局势变动等。

（2）目标执行的误差标准。这是指通过规定目标实际执行值和计划执行值之间的差额来触发目标修正的机制。例如，对于公司的全年销售目标来说，可规定当上半年已完成全年计划目标的 70% 或以上时，根据实际情况将目标量调高 5% ～ 10%；若上半年仅完成全年计划的 40% 或以下，则可根据实际情况将目标任务量调低 5% ～ 15%。

2. 确定目标修正类型

不同的目标修正触发原因，所确定的目标修正类型也不会相同，不同的目标修正类型，适用于不同的目标修正情形，具体如表 4-6 所示。

表 4-6　目标修正类型和适用情况

目标修正类型	类型概述	适用的情形
局部目标修正	指由于战略环境中的某一个局部环境发生变化而导致的局部战略目标修正	公司战略目标下的某一个战略目标的变动，如财务目标或市场目标等
职能目标修正	是局部目标修正的一种，是指由于各部门职能发生变化而导致的对于职能部门目标的修正	如公司人员变动较大，则需要对人力资源部门的战略目标进行修正
总体战略目标修正	是指对公司整个战略目标进行全面修正，是公司战略目标的重新确立过程	当前战略目标已不再适用于公司实际情况

公司总体战略目标修正是在不得已的情况下进行的，它需要公司领导具有较高的应变能力。它涉及公司各个方面目标的重新制订，对公司的发展至关重要。

3. 目标最终修正和细分

对照以上确定的修正标准和修正类型，在确定了目标修正的必要性以及修正的类型后，就要进行目标修正的实际操作，根据实际情况对目标进行全部或部分修订，从而形成新的战略目标，然后再将新的战略目标内容逐一分解到部门和员工，最终进行目标的执行。这一过程的具体流程和本章第二节中内容类似，可直接参考，这里就不再进行详细讲解。

目标修正优化的实例分析

公司目标修正，尤其是总体战略目标的全面修正，牵一发而动全身，会涉及方方面面的内容，是公司战略目标到部门目标再到员工目标各方面重新确立的过程。

在本章第二节内容中，已举例说明了公司战略目标制订到细分的整个过程，这里继续向公司领导介绍一下战略目标全面修正的全过程。

1. 整体战略目标的全面修正

由于该证券公司的经营方向发生了重大改变，因此，需要对以前的战略目标进行全面修正，具体如表4-7所示。

表4-7　××证券公司××分公司5年战略目标全面修正

战略目标细分	修正前目标	修正后目标
总体目标	公司利润率、复合增长率、市场占有率、基金销售额、新增客户量以及产品创新共同发展	以增加公司基金销售额和提高市场占有率为重点
财务目标	利润率达到15%	利润率达到20%
规模目标	复合增长率平均保持为12%	在原有基础上保持一定增长
市场目标	本地市场占有率提升至10%	本地市场占有率提升至15%

续上表

战略目标细分	修正前目标	修正后目标
基金销售目标	年均销售额达到 3000 万元	年均销售额达到 6000 万元
客户目标	新增客户至 3 万个，交易客户增加至 1 万个	在原有基础上保持一定数量的增加
创新目标	建立自己的核心投顾产品	继续进行投顾产品的研发

2. 修正后的战略目标在部门之间的重新分解

在对公司整体战略目标进行全面修正，得到全新的目标之后，首先也需要将整体目标分解至各部门，下面看一下修正后的基金销售目标在部门间的重新分解，如图 4-2 所示。

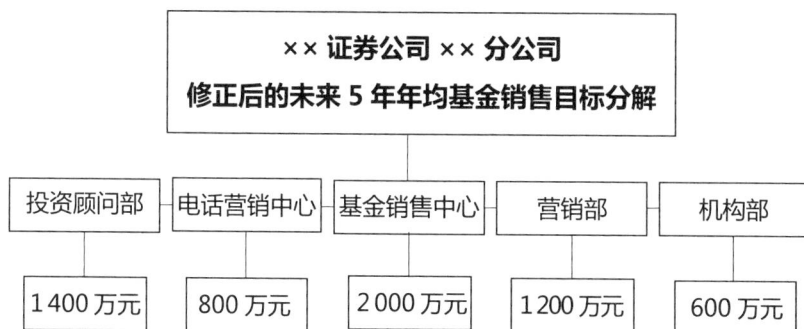

×× 证券公司 ×× 分公司
修正后的未来 5 年年均基金销售目标分解

投资顾问部	电话营销中心	基金销售中心	营销部	机构部
1400 万元	800 万元	2000 万元	1200 万元	600 万元

图 4-2

修正后的基金销售目标是原有的基金销售目标的两倍，因此，其在部门间的重新分解也可以按照这个倍数进行依次增加。

3. 修正后战略目标在部门内的重新分解

在对修正后的目标任务量进行部门之间分解后，仍需要进行各部门内部的任务分解，对照本章第二节内容，表 4-8 所示是重新分解后的投资顾问部基金销售目标在部门内的重新分解情况。

表 4-8　投资顾问部的基金销售目标重新分解

时间／员工	一季度	二季度	三季度	四季度
	300 万元	400 万元	400 万元	300 万元
初级投资顾问（共 2 人）	24 万元／人	36 万元／人	36 万元／人	24 万元／人
中级投资顾问（共 3 人）	28 万元／人	40 万元／人	40 万元／人	28 万元／人
高级投资顾问（共 3 人）	28 万元／人	37 万元／人	37 万元／人	28 万元／人
资深投资顾问（共 2 人）	32 万元／人	41 万元／人	41 万元／人	32 万元／人
投资顾问部负责人	20 万元	30 万元	30 万元	20 万元

从上表可以看出，在基金销售目标任务量增加之后，公司领导可以考虑将部门负责人也纳入目标执行中，为其分配一部分任务量，对部门负责人分配的任务量可以根据实际情况确定，可以高于也可以低于部门内其他员工的任务量。

从以上案例可以看出，目标修正中的目标制订和分解流程跟最初拟定目标是大致相同的，都是按公司整体战略目标到部门目标再到员工目标的步骤进行，不同的是在进行目标修正的过程中，战略目标可能不像制订初始目标时那样面面俱到，而会更具针对性。

目标的修正优化是目标执行过程中不可避免的步骤，也是目标能顺利有效执行的必要保证，通过对公司目标的修正优化，可以使目标更符合内外部实际，还能帮助公司领导充分调动内外部资源，从而不仅可以更好地实现公司目标，也可以提高公司效益，促进公司各方面统一协调发展。

对目标激励进行效果评估

目标激励的最终成效需要通过效果评估的方式来进行最终衡量和体现，这是进行目标激励的最终步骤。

效果评估怎样发挥作用

目标激励的效果评估是指通过对目标最终实现程度与制订目标时预期达到的目标量进行对比，从而得出结果的过程。通过效果评估，可以明确看出目标激励的结果和预期之间的差距，指导公司下一步计划的制订和实施。效果评估通过实际实现任务量和预期任务量之间的差值来为公司领导制订目标提供参考。主要有两种应用方式。

1. 实际实现的任务量与预期任务量之间的差值为正

说明超额实现了预期任务量，这有两方面的原因。一是目标制订较为合理，目标激励较为成功，公司各部门和员工积极性得到了充分的调动，因此导致目标实现良好；二是目标制订过低，导致目标实现较为简单，在这种情况下，目标激励不仅没有发挥作用，过低的目标还会打击员工的积极性，滋长其懒惰情绪。这两类原因对目标制订有不同的参考作用。

对于合理的目标，公司领导可以直接参考，在进行之后的目标制订时参照该种目标制订方式，有利于提高目标制订的有效性；针对过低的目标，公司领导可以从中吸取经验，分析目标过低的原因，在此基础上提高目标值，确定新的合理的目标，同时也为今后避免制订过低的目标提供前车之鉴。

2. 实际实现的任务量与预期任务量之间的差值为负

出现这种情况说明没有实现预期任务量，这也有两个原因，第一个原因是目标制订合理，但员工没有充分发挥积极性，导致目标最终没有实现，而员工积极性没有充分发挥的原因，很有可能是激励不到位，因此对于这种情况，公司领导可以考虑提高激励力度或扩大激励范围，最大限度调动全体员工的积极性。

第二个原因是目标制订过高，导致员工根本无法完成。这就是在目标制订时没有充分考虑公司历史数据和员工的实际能力导致的，针对此种情况，就需要公司领导通过切实分析公司历史数据以及公司和员工当前的实际情况，在此基础上制订出具有现实意义的目标。

由于目标激励效果评估是通过目标实现情况和预期目标进行对比得出结论的过程，因此，通过效果评估，公司领导不仅可以清楚地知道公司整体战略的实现情况，还可以了解部门及员工对于各自任务目标的实现情况，明晰目标实现结果。

效果评估必定会涉及目标任务量和实际完成量的统计和分析，因此，通过效果评估可以得出每位员工的目标实现情况，公司领导可以安排目标激励执行责任部门或责任人，根据公司的目标激励机制对员工进行相应的奖惩，发挥目标激励的作用。

进行效果评估的步骤和方法

效果评估是依据目标实现量和目标预期量两个主要因素来进行的，其具体操作也需要掌握一定的技巧和方法。效果评估不仅要对目标任务实现程度和目标任务预期实现程度的数量进行对比，还应考虑目标实现的质量问题，这就要求进行目标效果评估时公司领导合理安排人员严格按照步骤和方法执行，具体如下。

1. 确定效果评估负责人

对于目标激励效果的评估工作，公司领导应指定专人负责完成，效果评估负责人应为评估前后所有事项的总责任人，一般由人力资源部或信息技术部负责人担任。

2. 确定效果评估方式

最常用的效果评估方式是表格分析的方式，即通过制订效果评估表格，列出评估要素，根据各要素实现情况，汇总各要素结果，得出效果评估的最终结果。效果评估表格样式如表 4-9 所示。

表 4-9　效果评估分析表格样式

部门／员工	实际实现任务量	预期实现任务量	目标任务实现比率
1			
2			
目标平均实现比率			

3. 分析评估结果

根据评估表格中得出的数据，进行结果分析，在这个过程中主要有几个分析维度：一是整体目标实现程度的分析；二是部门与部门之间目标实现程度的横向分析；三是部门内不同员工之间目标实现程度的分析；四是全公司范围内员工之间的目标实现程度分析。以上分析都要严格以实际数据为基础，分析的重点应是导致评估中情况出现的具体原因以及相应的思考和解决措施。

效果评估后的目标修正

在进行目标效果评估之后，公司领导需要根据评估结果决定目标是否需要修正以及修正的幅度大小。

公司领导需要了解效果评估后的目标修正与目标修正优化有所区别，目标修正优化主要是基于内外部环境变化的需要进行的，而效果评估后的目标修正则主要是依据评估结果进行的，导致两者进行修正的原因不一样，因此，两者在进行目标修正时的侧重点也不一样，目标修正优化的内容针对的是公司战略目标、部门目标以及员工目标等各方面，而效果评估的目标修正对部门和员工目标的修正来说更有针对性，它不仅可以通过公司统一的效果评估来实施，还可以部门内自行组织实施，间隔周期更短，实施更及时有效，下面看一个小案例。

某期货公司将营销人员的每月任务目标制订为新增客户资产200万元或新增净手续费收入1万元，在进行月度工作汇报的时候，该部门负责人发现部门内员工整体的目标任务完成率很低，整个部门只有一位员工刚好达到任务量要求。为此，他向部门内其他员工了解了实际情况，原因是近期市场行情出现了较大波动，由于期货市场的高杠杆性，国家新出台了一些期货品种的交易约束制度，导致客户受其影响很大，开发客户变得异常困难。对于此种情况，该部门负责人及时将部门内的月度效果评估结果以及员工意见向公司领导反馈并提议暂时降低员工的每月任务量标准，保护员工的积极性，最终这一建议得到了公司领导的同意，调低了员工的月度目标任务量。

效果评估的实例分析

效果评估涉及公司战略目标、部门目标和员工目标3个方面的内容，因此，具体效果评估也应从这几个方面进行，针对不同人员的效果评估，公司领导应指定专门部门或人员负责。下面通过案例来讲解员工目标和公司战略目标的效果评估。

1. 员工战略目标效果评估

这是效果评估的最基础的环节，主要通过本章第二节（见本书第107页）中提到的投资顾问部员工基金销售任务目标效果评估情况来讲解，如表4-10所示。

表4-10　投资顾问部员工年均基金销售任务目标效果评估

员工	实际实现任务量	预期实现任务量	目标任务实现比率
初级投资顾问1号	40	60	66.67%
初级投资顾问2号	55	60	91.67%
中级投资顾问1号	70	70	100.00%
中级投资顾问2号	75	70	107.14%
中级投资顾问3号	70	70	100.00%
高级投资顾问1号	75	70	107.14%
高级投资顾问2号	80	70	114.29%
高级投资顾问3号	65	70	92.86%
资深投资顾问1号	80	80	100.00%
资深投资顾问2号	85	80	106.25%
部门内员工目标平均实现比率	695	700	99.29%

由上表可知，该部门员工的基金销售任务目标和实际完成任务量都各不相同，最终的目标完成率也因人而异，部分员工足额甚至超额完成目标任务，有的员工则没有完成任务，这也导致了该部门当年的整体部门没有按计划完成。对此，公司和部门领导就可从未达标的员工入手，了解其不达标原因，有针对性地进行改进。

2. 公司战略目标效果评估

公司战略目标效果评估和员工战略目标效果评估类似，也主要是通过评估分析表格来进行，具体如表 4-11 所示。

表 4-11　××证券公司××分公司 5 年战略目标效果评估

战略目标类型	实际实现任务量	预期实现任务量	目标任务实现比率
财务目标	利润率达到 18%	利润率达到 20%	90%
规模目标	复合增长率平均保持为 13%	复合增长率平均保持为 12%	108.33%
市场目标	本地市场占有率提升至 10%	本地市场占有率提升至 10%	100%
基金销售目标	年均销售额达到 2 995 万元	年均销售额达到 3 000 万元	99.83%
客户目标	新增客户至 3.5 万个，交易客户增加至 1.2 万个	新增客户至 3 万个，交易客户增加至 1 万个	116.67% 120%
创新目标	已建立两个核心投顾产品	建立自己的核心投顾产品	100%
目标实现比率	规模目标、市场目标、客户目标和创新目标均实现预期目标 财务目标、基金销售目标未实现预期目标		104.98%

由上表公司领导可以很清楚地知道公司战略目标的实现情况，可以明确哪些目标已达成，哪些没有达成，这样就能简单掌握公司的战略目标实施结果，并可以针对实施结果作出决策。

MANAGER MUST LEARN

晋升激励：
晋升对职业生涯至关重要

想要获得晋升机会是每位公司员工在其岗位上努力工作的最大原因和动力，这也是公司管理者进行晋升激励能够成功的重要保证，两者之间相辅相成。

你需要知道的晋升激励相关内容

要想通过晋升激励实现公司和员工的双赢，公司管理者就必须选对激励方式，让激励措施充分发挥作用。

职务晋升和非职务晋升

职务晋升和非职务晋升是晋升激励的两种模式，了解这两种模式，有助于公司领导从中选择更有效的晋升方式。

职务晋升指不同职务级别之间的晋升，一般是由初级→中级→高级的晋升模式，也包括普通员工→部门主管→管理层的晋升，是用提高职位对员工进行激励的一种方法。非职务晋升指的是在不进行职务调整的前提下，即保持员工的岗位、工作内容和隶属关系不变，改为对员工进行职位名称提升，以此来激励员工的一种方法。

比如对于技术人员可以就其职位名称设置成初级技术员、中级技术员和高级技术员，在对其进行非职务提升时可将其职位名称从初级技术员提升至中级或高级技术员，这样也可以在一定程度上激励员工，但实际上员工的职位和工作内容并没有实质上的改变。以下是职务晋升和非职务晋升的具体对比，如表 5-1 所示。

表 5-1　职务晋升和非职务晋升的对比

对比项目	职务晋升	非职务晋升
晋升形式	职位调整	职位名称调整
工作内容是否改变	工作内容为调整后的职位工作内容	工作内容没有实质性变化
晋升条件	对被晋升人员的能力、绩效和学历有全面的要求	要求相对较低
晋升机会	名额很少	达到要求即可晋升，基本没有名额限制
薪酬变动	晋升后薪酬变动较大	晋升后薪酬变动较小
投入成本	大	较小
激励作用	大	相对较小

从上表可知，职务晋升和非职务晋升有较大区别，职务晋升会对晋升人员进行职位和工作内容调整，而非职务晋升不会；职务晋升的要求和条件更高，名额更少，对被晋升人员的挑战更大；职务晋升的成本也更高，晋升前要组织人员对被晋升人员各项指标进行考查，晋升后还要对其进行培养，投入更多人力、物力和财力，也因为如此，职务晋升后薪酬会得到很大程度的调整，对员工的激励作用也更大。

晋升激励发挥作用的方法和原则

所有的激励措施，都是为了达到激励员工的目的，晋升激励也一样，它也有其自身的激励作用，因此，公司管理者需要充分了解晋升激励可能产生的效果，同时把握使用晋升激励所要掌握的原则。

晋升激励，是指通过一定的方式，公司管理者将内部员工从低一级的职位提升至更高职位的过程，并在这个过程中向被提升员工同时赋予与其新职位相匹配的权力、责任和利益。晋升激励是公司常用且重要的激励措施之一，它对公司来说主要有两方面的作用，一是可以为公司选拔优秀人才，二是可以激发员工积极性。公司领导需要掌握一些技巧，才能确保激励达到以上两个目标。

1. 通过设置合理晋升条件，选拔优秀人才

晋升激励是对员工进行职位从低到高的提拔，因此在设置员工的晋升条件时也必须相当严格，不仅对员工工作能力有很高要求，对员工的领导能力、专业能力、沟通能力甚至学历等都应作出较高要求，这样的晋升条件才能形成优秀人才的选拔机制。

比如通过对销售人员设置销售业绩、销售技巧、沟通绩效以及客户满意度等晋升条件，就可以很容易地选拔出优秀的销售人员。

2. 通过设置有限的晋升岗位，激发员工积极性

晋升激励激发员工的积极性是通过晋升岗位和晋升条件起作用的。公司领导想要达到激发员工积极性的作用，可以从晋升岗位和晋升条件两个方面入手。一方面，对晋升岗位进行数量限制，一般1～2个即可；另一方面，对晋升岗位设置较高的晋升条件，将晋升条件设置为在员工平均水平之上较高一段距离，使员工要想达到晋升条件需要付出一定的努力和提高。

比如针对行政部门多位员工，仅在内部设置一个行政主管职位，规定部门内所有员工对于该职位的晋升机会是相等的，这样就在行政

部门员工之间形成了部门内为取得行政主管职位晋升的竞争机制。

总之，晋升激励赋予公司内部优秀员工更多和更重要的岗位和工作，让其承担起公司更多的职责，为公司发展不断贡献其能力和潜力的同时，其个人也得到了提高，职业生涯也得到了良好发展，因此晋升激励对于公司和员工来说是双赢的。此外，晋升激励在具体使用时还需要把握一定的原则，以确保激励的公正和有效。

（1）德才并重。晋升激励为公司选拔的是优秀人才，这部分人员也是公司的管理层的孵化池，因此，员工晋升不能只片面看中员工的工作能力，工作能力是基础，但道德修养是必备条件，道德修养不达标的员工不是优秀人才，也无法成为管理者。德才并重的人员选拔可以通过问卷调查的方式来进行，将晋升员工的道德修养做成问卷形式，要求参与晋升竞争之外的其他员工填写，并将汇总结果作为晋升竞争人员的道德修养考查结果。

（2）晋升机会人人平等。这是指晋升完全公开、透明和公正，晋升条件是决定是否对员工晋升的唯一标准。可以通过发布晋升制度的方式来规范晋升相关内容，用制度保障晋升公平。

（3）适当的破格提升。对于某方面能力特别优秀的员工，公司领导可以根据情况对员工进行破格提拔。例如，公司急需一名专业技术精通的技术部门主管，某员工在技术能力方面特别优秀，但其在公司的工作年限和学历达不到要求，此种情况下公司领导可以任人唯才，破格对其晋升，保留技能突出人才。

把握以上 3 个原则，可以帮助公司管理者建立更为合理有效的晋升激励机制，更好地激励员工，为公司选拔优秀人才，达到晋升激励的目的。

按章执行，使激励逐步落实

晋升激励，重在机制和具体实施，这是晋升激励的灵魂所在。了解晋升激励的实施过程有利于公司领导进行相关工作安排。

规范晋升途径

晋升途径即晋升方向。它不是针对于某一位员工的，而是针对于岗位而言的，可以看作是公司内部对于具体岗位的岗位规划。它的具体做法是将公司内所有岗位分类成不同的岗位群，然后针对每一个岗位群设置从下到上的岗位晋升，为员工指出其所在岗位究竟应该朝着哪个方面晋升。

例如，针对文员岗位，其晋升途径就是高级文员；若为人力资源岗位，其晋升途径就是人事专员到人力资源部部门经理；销售岗位的晋升途径就是区域经理。公司领导在进行内部晋升途径规范时，可以从以下步骤来着手。

◆ **划分岗位类型**：首先需要将公司内部岗位划分为不同种类，一般来说，公司内部岗位应包括行政人员岗位、技术人员岗位、财务人员岗位、会计人员岗位、销售人员岗位和后勤人员岗位等，岗位类型可视公司类型和业务种类进行增减。

◆ **统一岗位类型**：在划分了具体岗位类型之后，还需要对岗位类型进行统一，将性质相同的岗位统一在一起，性质不同的岗位区分开来。岗位的统一主要通过设立部门来进行，岗位类型和部门应一一对应。例如，公司行政肯定隶属于行政部门，会计人员和出纳人员隶属于财务部门，销售人员隶属于营销部门。

◆ **为岗位赋予晋升方向**：岗位统一之后，要给每个岗位确定其晋升方向，这是规范晋升途径的关键。例如，财务人员的晋升方向是财务主管，后勤人员的晋升方向是后勤主管。

◆ **特殊岗位的晋升方向**：例如，出纳人员和会计人员，虽然同属财务部门人员，但是两者的晋升方向是不一样的。出纳人员的晋升方向是会计，但是会计人员的晋升方向是高级会计甚至财务经理。因此针对此种情况，需要区别确定晋升方向。

规范的晋升途径不仅给员工指明了为之奋斗的明确的职业生涯方向，也为公司领导解决了公司内部岗位规划的问题，使内部岗位清晰，为岗位和公司管理提供了便利。

建立晋升阶梯

晋升阶梯即晋升步骤，如果说晋升途径是给予员工一个晋升的最终方向，那么晋升阶梯就是给予员工通往最终晋升方向中途的每一个站点，它是达成最终晋升方向之前需要经历的过程。

例如，针对销售岗位，它的晋升途径是基础销售人员到区域销售总监，而它的晋升阶梯就是：基础销售人员→销售团队主管→销售部门经理→区域销售总监。晋升阶梯是逐步上升的，如图 5-1 所示是某公司员工的晋升阶梯。

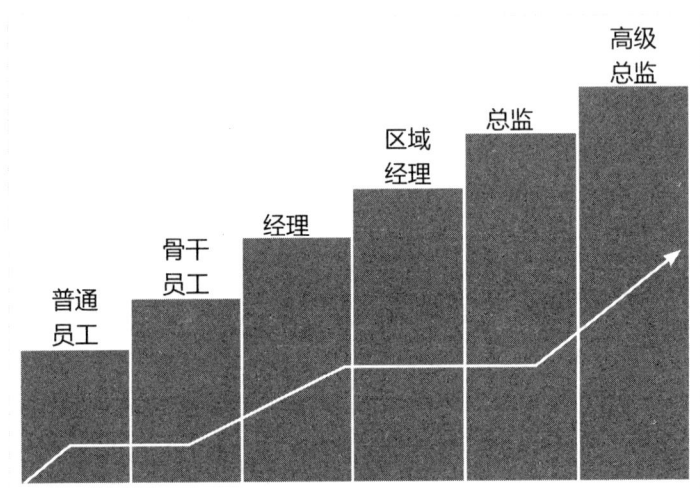

图 5-1

晋升途径给予了员工晋升的终点，而晋升阶梯的建立则为员工的晋升打通了所有通道，使其可以逐步向最终的晋升方向迈进，因此，晋升阶梯是员工晋升得以落实的基础，了解晋升阶梯的建立方法是建立阶梯的前提。

◆ **划分岗位类型**：这一步骤与规范晋升途径类似，即根据员工的岗位性质将公司岗位划分为不同岗位，如技术岗位和行政岗位。

◆ **明确晋升途径**：这里的晋升途径是指针对具体的人员和岗位给予不同的晋升途径类型，如管理人员的晋升途径是行政管理类，工程师的晋升途径是技术类，行政人员的晋升途径是人事行政类，营销人员的晋升途径是销售类。

◆ **建立晋升阶梯**：在晋升途径基础上对每个岗位进行细分，如具体规定出行政人员的晋升阶梯为实习行政人员→行政助理→行政主管→行政部门经理。

每个晋升类别的晋升阶梯都不相同，因此针对不同的晋升类别，要分别设置晋升阶梯，表 5-2 是某公司不同晋升岗位的晋升阶梯。

表 5-2　某公司不同晋升岗位的晋升阶梯表

	行政类		技术类		销售类		行政事务类	
总监	资深总监	1/2/3 级	高级工程师	3 级	高级客户经理	3 级	高级专员	3 级
	高级总监	1/2/3 级		2 级		2 级		2 级
	总监	1/2/3 级		1 级		1 级		1 级
经理	高级经理	1/2/3 级	工程师	3 级	客户经理	3 级	专员	3 级
	经理	1/2/3 级		2 级		2 级		2 级
	副经理	1/2/3 级		1 级		1 级		1 级
主管	高级主管	1/2/3 级	助理工程师	3 级	高级客户主任	3 级	高级文员	3 级
	主管	1/2/3 级		2 级		2 级		2 级
	副主管	1/2/3 级		1 级		1 级		1 级
班长	高级班长	1/2/3 级	技术员	3 级	客户主任	3 级	文员	3 级
	班长	1/2/3 级		2 级		2 级		2 级
	代班长	1/2/3 级		1 级		1 级		1 级

该公司针对不同的岗位类型，设置了 4 个大的晋升阶梯，在每个晋升阶梯下又细分了 3 个晋升阶梯，使每类员工的晋升都足够细化，更具指导意义，公司管理者在建立内部晋升阶梯时也可以参考此种方法，将晋升阶梯尽量细分。

此外，技术人员是每个公司的常见岗位，除了以上的晋升阶梯类型之外，其阶梯设置还有其特殊性。有的技术人员不仅专业技术能力很强，管理方面也很有实力，为了更好地留住人才以及最大程度发挥人才的作用，许多公司针对于技术人员这一特殊岗位设置了双晋升阶梯制度。

双阶梯晋升，是指公司为技术人员设置两条平等的晋升阶梯，一条是技术晋升阶梯，一条是管理晋升阶梯，有能力的技术人员可以按照自己意愿选择两条阶梯中的一条进行发展。技术晋升阶梯的发展方向是技术人员所在的技术领域，管理晋升阶梯的发展方向是公司内部管理岗位，一般是对于技术部门或技术项目的管理。其晋升阶梯具体如图 5-2 所示。

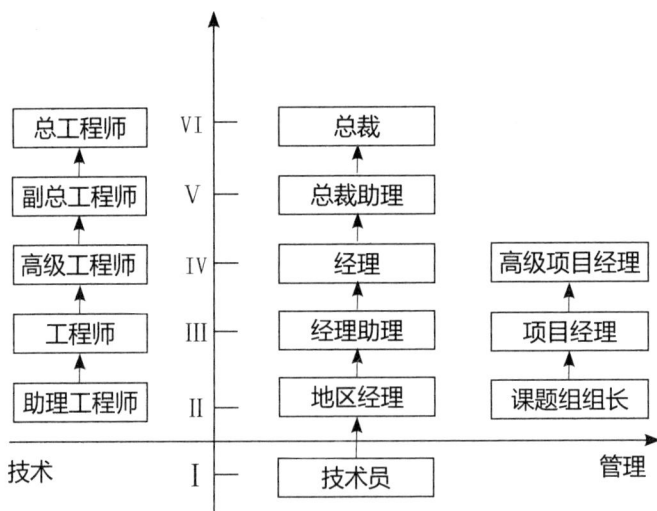

图 5-2

双阶梯晋升制度一方面避免了技术人员晋升路径短，缺乏合理晋升的难题，为其提供了一个长期的技术发展方向和空间，另一方面它还给技术人员提供了管理上的可能性，更有利于吸引和留住人才。

目前，我国国内很多知名企业开始应用此种晋升阶梯制度，如一汽集团对其技术人员进行技术评定，评定等级分为一、二、三级设计师、管理师和操作师，对于以上等级可以分别享受总经理、高级经理和二级经理的待遇。因此，了解和掌握双阶梯晋升制度对于公司管理者进行公司管理是十分有用的。双阶梯晋升制度建立要点如下。

（1）明确标准。这是建立双晋升阶梯最难的也是最基础的环节。可以通过建立临时职位评估委员会来履行这一职责，委员会负责对职位晋升的阶梯高度、各职位对应关系和差别作出详细解释并根据公司变化而不断更新。委员会的成员一般由公司主要管理人员、人力资源部负责人和技术人员组成，有条件的公司，还可以外聘职位评估顾问作为临时职位评估委员会的成员之一，这样可以更好地保证建立标准的客观公正。

（2）配套齐全。包括职位测评手段，通过测评可以让员工了解自己是更适合技术职位还是管理岗位。此外，还应明确不同级别职位所需要的技能和绩效水平，并对其进行相应考核，使晋升阶梯制度与绩效管理和人力资源系统等联系起来，增加制度的可执行性。

（3）公正平等。对于同等级别的技术人员和管理人员，技术人员的薪酬和奖励等应不低于管理人员。现实中，许多公司为了鼓励技术创新，吸引和留住技术骨干，给予技术人员比同等级别管理人员更高的薪酬和奖励，甚至让核心技术人员参与公司的重大技术项目决策。

（4）职位转化。这是指在技术人员和管理人员设置自由的职位转化机制，是技术人员可以由工程师或项目经理转入相应管理职位；管理人员也可以由相应的管理岗位转入到工程师或项目经理。为了避免出现职位转化后在岗人员不负责的情况，还可以采用挂职的形式，即先让技术人员（管理）从事管理（技术）工作，并设置一定的观察期，如半年或一年，待其通过观察期后再进行正式的职位调整。

制订晋升标准

没有要求，再好的机制都会失去意义，相反，合理的要求可以给予员工一定的激励，促使其积极努力的工作。因此，为晋升设置一定的标准也可以使得晋升激励更加完善，激励效果更好。

晋升标准就是晋升的门槛，晋升门槛的高低要视职位类型而定，不同的职位类型，其晋升标准类型也不同，但不管是何种职位的晋升，晋升标准都是全方位的，涵盖多方面的内容的，过于单一的晋升标准没有参考性。接下来将会对公司一些常见岗位的晋升条件进行介绍，希望给公司领导制订自身公司各岗位晋升条件提供一些参考。

表 5-3　副总经理的晋升标准

标准项目	具体要求
公司考察	进行副总经理职位申请前，已通过公司相关部门的考察
绩效能力	绩效业绩优秀。过去 3 年内绩效考核结果均为优秀或在同类人员的前 5%
工作经验	从事本职或相关工作 5 年以上
学历	硕士以上
公司认同	认同公司价值观和文化，愿意将个人发展和公司联系在一起
工作计划	人力资源部组织对所要晋升的副总经理岗位作出未来一年的工作计划向公司领导层汇报，并经公司领导层通过
专业知识	非常熟悉公司业务和情况以及公司所在行业情况，包括但不限于行业特征、外部竞争环境、行业未来发展趋势和公司各类业务知识等
人际交往能力	善于与他人合作，能妥善解决公司内部各种矛盾，保持融洽的内部氛围

续上表

标准项目	具体要求
计划能力	具有全局观念，能为公司制订长期和短期的良好发展计划，并指导员工有序执行
领导能力	能很好地分配工作和权力，部署工作任务；能够很好引导员工工作，激发员工积极性
沟通能力	具有良好的沟通能力，能简明扼要地表达自己的观点
应变能力	善于审时度势，能够冷静应对并良好地处理公司的各种重大事件，适应环境变化，把握公司的各种机会
决策能力	对于公司各类事项有果断的决策能力，善于把握决策时机并能提出可行的决策方案

公司的副总经理是公司的重要管理人员，在总经理的领导下负责公司重大事项的决策和执行，因此，其晋升标准的要求也是相当严苛的，不仅要求其工作经验丰富，专业知识过硬，自身素质良好，还对其领导、决策、沟通和应变等能力也有很高要求，这样选拔出来的人才能承担副总经理这个重要的角色，为公司发展进步贡献自己的力量。以上列举的晋升标准并非一成不变的，公司管理者可根据自己对副总经理的要求以及公司实际情况对以上标准进行相应的修改，制订出更适合公司的晋升标准。

部门经理是每个公司都会涉及的岗位类型，也是公司管理层的主要组成人员，其晋升标准的制订也是极其重要的，具体如表5-4所示。

表5-4　部门经理的晋升标准

标准项目	具体要求
公司考察	进行部门经理职位申请前，已通过公司相关部门的考察
绩效能力	绩效业绩良好。过去3年内绩效考核均为良好或在同类人员前10%

续上表

标准项目	具体要求
工作经验	从事本职或相关工作 3 年以上
学历	大学本科以上
公司认同	认同公司价值观和文化，愿意将个人发展和公司联系在一起
工作计划	人力资源部组织对所要晋升的部门经理岗位作出未来一年的工作计划向公司领导层汇报，并经公司领导层通过
人际交往能力	善于与他人合作，能妥善解决公司内部各种矛盾，保持部门内融洽的内部氛围，与部门员工建立长期信赖关系
专业知识	非常熟悉公司业务和情况以及公司所在行业情况，包括但不限于行业特征、外部竞争环境、行业未来发展趋势和公司各类业务知识等；对部门各类业务流程和运作机制充分了解
领导能力	能充分地分配部门内权利和义务；能够很好地引导员工工作，激发员工积极性，能很好地为部门员工提供工作知识传授和帮助
沟通能力	具有良好的沟通能力，能简明扼要地表达自己的观点，且能与部门内员工充分沟通，培养部门内良好沟通氛围
决策能力	能及时准确地为部门决策
判断能力	能准确判断部门所面临的机会和挑战，对于部门业务和工作能适时提出新的想法和措施，不断为部门业务和工作创新
计划能力	具有合理规划部门内短期和长期工作的能力
执行能力	能有效组织部门目标的实施，高效完成公司领导对于部门和部门经理的要求

与副总经理的晋升标准相比，部门经理的要求相对略低，但要求也更细化，对部门经理的晋升标准更侧重于其是否能够承担起部门内的管理和组织工作，能否应对部门的变化，以及能否高效完成上级领导交办的工作。

为了更好地管理公司，很多管理者会在公司内部介于部门经理和部门员工之间设置部门主管的岗位，让部门主管在部门经理领导下进

行部门内员工管理，对上协助部门经理完成部门内各项重要工作以及
领导临时交办的工作任务。部门主管的设立初衷是更好地完成部门工
作和进行员工管理，这就决定了对于其选拔和晋升更看重的是实际的
工作能力和执行能力，具体如表 5-5 所示。

表 5-5　主管的晋升标准

标准项目	具体要求
公司考察	进行主管职位申请前，已通过公司相关部门的考察
绩效能力	绩效业绩良好。过去 2 年内绩效考核结果均为良好或在同类人员中排在前 20%
工作经验	从事本职或相关工作 3 年以上
学历	大学专科以上
公司认同	认同公司价值观和文化，愿意将个人发展和公司联系在一起
工作计划	人力资源部组织对所要晋升的主管岗位作出未来一年的工作计划向公司领导层汇报，并经公司领导层和部门经理通过
专业知识	对本专业及晋升岗位的知识和业务有比较全面的了解
学习能力	有很强的学习能力和良好的学习态度，能迅速适应岗位工作，不断在岗位上学习新业务和新知识并及时运用到工作中
人际交往能力	善于与他人合作，能妥善解决公司内部各种矛盾，保持部门内融洽的内部氛围，与部门员工建立长期信赖关系
沟通能力	能准确理解部门经理的工作要求，对上对下能清楚表达自己的想法
执行能力	能及时准确完成上级交代的工作，对于差错能及时反省改正
独立思考能力	有对自身岗位和工作不断思考，不断优化自身工作的能力

　　主管的岗位，是办实事的岗位，因此在制订晋升标准时可以偏重
员工的执行能力和学习能力要求，相对弱化其学历标准，这样可以为
公司领导选拔出具有实际工作能力的员工。

　　以上列举的只是公司常见的几个职位的晋升标准，还不够全面，

在具体的实践过程中的岗位晋升类型远超于此，每个岗位的晋升标准高低虽然有所差异，但标准类型却是大相径庭的，有的标准类型几乎是通用的，比如工作绩效、工作经验、学历、公司认同、专业知识、沟通能力、学习能力、领导能力和判断能力等，因此，公司领导在考虑内部各个岗位晋升标准时可以参考这些通用型的标准类型，在此基础再增加一些个性化的岗位晋升标准，即可形成不同岗位的晋升标准，这使得晋升标准兼顾了通用性和特殊性，使其更科学有效。

形成完整有效的晋升制度

各晋升要素在确立之后需要通过一定的方式有机统一起来，这样才能发挥晋升激励的作用。晋升要素的统一过程往往就是晋升制度的形成过程。晋升制度是晋升激励的实施依据，一般来说，一个完整的晋升制度应包括说明总则、晋升方式、晋升标准和晋升程序四大部分内容。以下是某公司的员工晋升制度。

××公司员工晋升制度

第一部分　说明总则

1. 本制度涉及的绩效数据，都以公司的绩效考核结果为准。

2. 本制度以工作业绩和工作能力为统一衡量标准，杜绝论资排辈现象，特殊岗位可参考工作年限这一要素。

3. 本制度涉及的条款将根据公司和岗位实际情况进行更新完善。

4. 本制度所指晋升标准和程序是针对一般情况下的晋升而言，特殊情况下的晋升，可以由公司总经理审批后直接晋升，不受本制度相关规定的限制。

5. 本制度适用于公司全体员工。

6. 本制度解释权归人力资源部。

7. 本制度经总经理审批后实施。

第二部分　晋升方式

本制度所指的晋升方式，主要有以下 3 种。

1. 组织阶梯的晋升。这主要是针对管理职位的晋升，晋升的对象是有较好的工作业绩，有较强的领导能力、管理能力、沟通能力和决策能力的综合性较强的员工。

2. 管理类与技术开发类的交叉提升。指通过提高管理类职位的技术职称来实现晋升，或者是提高技术开发类职位的管理职称来实现晋升。

3. 岗内晋升。包括技能提升和技术职称的变更。技能提升是指在不改变工作岗位的前提下通过提高工作技能和业务水平来实现晋升；职称的变更是指对于技术或研发水平不断提高，并在技术或研发岗位具有较强的技术创新能力，为公司做出一定贡献的员工给予技术职称的提升，从而实现晋升。

第三部分　晋升标准

1. 部门负责人的晋升标准

a. 具有大学本科及以上学历或高级职称，符合岗位要求的专业知识技能和其他条件。

b. 进行过有关的管理知识学习和培养，学习能力强。

c. 学历为本科的，必须具有四年以上管理工作经验；学历为硕士及以上的，必须具有两年以上管理工作经验。

d. 在本公司工作三年以上，或从事相同或相关工作岗位四年以上。

2. 主管的晋升标准

a. 大学本科及以上学历，符合岗位相关要求。

b. 经过有关专业知识培训或学习，有良好的沟通和协调能力。

c. 三年以上工作经验，且在本公司工作经验必须两年以上。

4. 技术部人员的晋升标准

a. 大专及以上学历，符合岗位相关要求。

b. 良好的沟通协调能力。

c. 熟练掌握相关业务和岗位知识。

5. 文员的晋升标准

a. 大专及以上学历，符合岗位相关要求。

b. 具有良好的沟通协调能力。

c. 具有良好的口头及文字表达能力。

第四部分 晋升程序

1. 各部门主管向人力资源部申报本部门出现的空缺职位。

2. 人力资源部进行评审并汇报公司总经理。

3. 评审通过的，人力资源部发布竞聘通知并组织竞岗准备工作。

4. 符合竞聘条件的员工到人力资源部报名，部门经理也可推荐。

5. 各部门经理对竞聘人员进行选拔，并将结果报总经理审批。

6. 总经理审批通过，公布晋升结果。

如上所述的就是一个完整的晋升制度，它将各个岗位的晋升标准和晋升程序进行了汇总，形成了一套全面的晋升体系，更有利于实际操作实施。公司管理者在安排制订本公司晋升制度时可参考此种做法，采用以上晋升制度框架，再进行相关内容增减，形成全新的晋升制度。

晋升制度有效性的验证方法

再好的制度都只是理论指导，重要的是具体实施，实施效果在绝大程度上又取决于晋升制度本身是否有效，因此晋升制度只有通过具体实施才能看出成效，也只有通过实施才能在这个过程中不断得以完善。

晋升制度实施效果的好坏，最直接的表现是晋升人员能否很好地履行岗位职责，即晋升人员和岗位是否能有效匹配，晋升人员是否能在该岗位上充分发挥自身作用。对此，有几种衡量方法。

1. 通过绩效结果衡量晋升制度效果

这种方法是指通过衡量员工成功晋升后所在岗位上创造的绩效与岗位本身要求绩效标准来衡量该员工是否适合该晋升岗位。这里的绩效衡量又有两个分类，一是员工绩效，二是岗位绩效。

（1）员工个人绩效。是指将员工个人实际在岗期间创造的绩效与所在岗位的目标绩效作出差值，若差值为正，说明该员工达到了晋升后的绩效能力要求，充分履行了新岗位上的绩效职责，从这个角度说明通过该晋升制度选拔出的晋升人员是客观有效的；若差值为负数，说明该员工没有达到晋升后的绩效能力要求，不能充分履行新岗位上的绩效职责，从这个角度说明该晋升制度选拔出的晋升人员可能不满足岗位的绩效能力标准。

（2）部门绩效。若晋升岗位为部门主管或部门经理，那么在衡量了员工个人的绩效与岗位要求绩效之后，还需要衡量员工所在部门的实际创造绩效和预期目标绩效之间的差值，若差值为正，说明该员工为部门的绩效作出了努力并取得了一定成效，达到了公司及领导的绩效要求；若差值为负，说明部门的绩效目标没有完成，若此时晋升人员的绩效差值也为负，更加印证了该晋升人员可能无法适应晋升后的岗位工作，该晋升制度选出的晋升人员可能达不到相关绩效能力要求。

2. 通过员工反馈来衡量晋升制度效果

这里的员工反馈有两个维度的内容，一是员工对晋升制度内容本身的反馈意见；二是员工对晋升人员表现的反馈。

（1）晋升制度内容反馈。员工对晋升制度的反馈，主要是依据制度内容本身作出的，包括晋升标准不合理、晋升程序不透明以及晋升通道过于单一等问题。对此，公司领导应高度重视，认真听取和采纳员工意见，对合理的意见应予以采纳，并及时根据员工意见安排人力资源部进行修正。

（2）对晋升人员的反馈。主要是晋升人员之外的员工对晋升人员晋升之后的岗位表现作出的评价和反馈。反馈的依据是晋升人员在岗期间的工作职责履行情况、岗位和业务熟练程度、对其他部门和员工的支持力度以及与其他部门和员工的沟通协调情况等。

3. 通过直属上司评价来衡量晋升制度效果

这里的直属上司指的是员工晋升后所在岗位的直属领导。直属上司对于晋升员工的评价维度主要包括部门或岗位职责完成情况、执行能力和工作效率等。

通过以上 3 个维度的分析衡量，可以全面地了解晋升人员在岗履职情况，对晋升制度的有效性进行验证，公司管理者可以根据验证结果了解晋升制度的优劣，有针对性地进行优化，使得晋升制度越来越完善。

不是所有人的晋升机制都一样

"不想当将军的士兵不是好士兵。"但不是每位士兵都适合当将军，公司内的不同员工也一样，员工自身的能力、所在岗位和性格等因素不同，会导致其能适应的工作岗位不同，岗位不同，晋升的标准和方式也不相同。因此，公司管理者在确定内部不同岗位的晋升条件时，应充分考虑这一因素。

销售人员的晋升

销售岗位是每个公司的常设岗位，岗位数量视公司规模和业务量大小而定。销售人员是为公司直接创造绩效的人员，其能力大小与公司业绩直接相关，因此通常将其业绩能力作为设置晋升条件的主要参考要素，具体如表 5-6 所示。

表5-6 某公司销售人员的晋升

职位级别	晋升条件
客户助理	1.掌握基本的客户开发能力；2.维护原有客户关系；3.至少开发5位客户；4.掌握客户信息收集能力；5.通过公司考核
销售副经理	1.具备一定的客户开发能力；2.月销售额在2万元以上；3.累计客户量达到10人；4.通过公司其他相关考核
销售经理	1.具备较强的客户开发能力；2.季度销售额累计达到20万元以上；3.累计客户量达到30人；4.通过公司其他相关考核
区域副经理	1.具备很强的客户开发能力；2.季度销售额累计达到50万元以上；3.累计客户量达到80人；4.通过公司其他相关考核
区域经理	1.具备很强的客户开发能力；2.季度销售额累计达到100万元以上；3.累计客户量达到100人；4.通过公司其他相关考核
营销副总监	1.具备极强的客户开发能力；2.季度销售额累计达到300万元以上；3.累计客户量达到200人；4.有较强的领导和决策能力；5.通过公司其他相关考核
营销总监	1.具备极强的客户开发能力；2.季度销售额累计达到500万元以上；3.累计客户量达到500人；4.有较强的领导和决策能力；5.通过公司其他相关考核

该公司对于销售人员的晋升条件，基本上都是从销售和业绩能力方面出发的，晋升条件随职位级别的上升呈现阶梯式提高，这也与销售人员的工作性质相符。此外，对于营销总监级别的销售人员，会承担一些团队管理工作，因此在设置晋升条件时应考虑一定的领导和决策能力，这是带领团队的基本素质要求。

财务人员的晋升

财务人员也是每个公司必备的岗位类型，其工作需要很强的专业性，对及时性和细致程度也有很高要求，因此其晋升条件也主要是从专业和责任心两大方面来进行制订。

财务人员根据其承担职责也有不同的岗位类型，最基本的就有出纳、会计、会计主管和财务总监，出纳是财务部门最基础的岗位，财务总监是财务部门最高职位，岗位级别不同，专业程度要求也不相同，具体如表5-7所示。

表5-7　财务人员的晋升

职位级别	晋升条件
出纳	1. 及时准确办理银行存款和现金支取工作；2. 有效管理公司各类票据和会计凭证；3. 做好银行账和现金账，并负责保管财务章；4. 准确报销员工差旅费；5. 准确无误进行工资发放；6. 员工满意度为中以上；7. 对工作内容中涉及公司机密事项进行保密；8. 通过公司其他相关考核
会计	1. 完成工作要求，达到报税、现金管理、报表无差错且业绩考核在优秀以上；2. 了解公司法，掌握公司注册、报税、凭证和财务账务知识并应用；3. 对公司各会计事项准确进行会计处理；4. 按时交纳各项税款；5. 工作目标完成率在100%以上；6. 工作差错率在5%以内；7. 员工满意度评价为中以上；8. 对工作内容中涉及公司机密事项进行保密；9. 通过公司其他相关考核
会计主管	1. 具备一定的财务分析能力；2. 熟悉固定资产管理工作；3. 能做到报税、报表分析、成本分析和财务综合管理工作；4. 精确了解国家相关企业法律；5. 具有应用财务和知识的能力，能拿出某一工作的方案并有成效；6. 工作目标完成率在100%以上；7. 工作差错率在5%以内；8. 员工满意度评价为良好以上；9. 对工作内容中涉及公司机密事项进行保密；10. 通过公司其他相关考核
财务经理助理	1. 财务管理能力优秀；2. 预算工作优秀；3. 具有财务分析工作经；4. 与其他部门协作较好，受到其他部门认可；5. 精确了解国家相关企业法律；6. 具有应用财务和知识的能力，能拿出某一工作的方案并有成效；7. 工作目标完成率在100%以上；8. 工作差错率在5%以内；9. 员工满意度评价为良好以上；10. 对工作内容中涉及公司机密事项进行保密；11. 通过公司其他相关考核

续上表

职位级别	晋升条件
财务经理	1.具有较强的财务分析能力；2.固定资产管理合格，并能做到报税、报表分析、成本分析和财务综合管理等工作；3.精确了解国家相关企业法律，具有应用财务知识的能力；4.具有报告与方案制订能力，具有制度的规划能力；5.目标完成率为100%；6.部门内人才流失率为10%以内；7.员工满意度评价为良好以上；8.对工作内容中涉及公司机密事项进行保密；9.通过公司其他相关考核
财务总监	1.能合理制订财务制度并实施；2.能进行相关的财务专业知识培训；3.具有财务理论体系建设能力；4.具有战略财务思想能力，能独立管理公司财务；5.能为公司发展提供合理有效的财务意见；6.能就公司历史状况和未来发展作出专业的财务分析和财务预算；7.对工作内容中涉及公司机密事项进行保密；8.通过公司其他相关考核

由于财务人员不同程度掌握着公司的内部机密数据，因此公司领导在考虑其晋升时也应将员工的保密能力纳入考核，财务人员的保密工作对于公司的安全极其重要，一旦财务数据被泄露，就会给公司造成重大损失，公司不能容纳无法为公司保密的员工。

人事人员的晋升

人事人员在公司中承担的是与人事管理相关的工作，包括人员招聘、培训、考核以及人力资源管理等，其晋升条件主要包括以下内容，如表5-8所示。

表5-8　人事人员的晋升

职位级别	晋升条件
人事专员	1.按时按量完成工作要求；2.绩效考核在良好以上；3.目标完成率为100%以上；4.员工满意度为中以上；5.了解劳动法和公司法相关内容；6.熟悉招聘及后续相关流程；7.差错率在5%以内；8.做好岗位保密工作；9.通过公司其他相关考核

职位级别	晋升条件
人事主管	1. 熟悉招聘、考核、培训和薪酬等内容和实施流程；2. 较强的组织能力；3. 具有人力资源管理能力，能制订管理计划并有一定成效；4. 员工满意度为良好以上；5. 熟练掌握劳动法和公司法相关内容；6. 业绩考核在良好及以上；7. 差错率在 5% 以内；8. 做好岗位保密工作；9. 通过公司其他相关考核
人事副经理	1. 具有很强的招聘、考核、培训和薪酬能力；2. 很强的组织能力；3. 具有人力资源管理能力，能制订管理计划并有一定成效；4. 员工满意度为良好以上；5. 熟练运用劳动法和公司法相关内容；6. 业绩考核在良好及以上；7. 差错率在 3% 以内；8. 做好岗位保密工作；9. 通过公司其他相关考核
人事经理	1. 制订公司招聘、考核、培训和薪酬制度的能力；2. 具有培训讲师能力；3. 具体运用掌握的人力资源管理知识的能力；4. 具有人力资源管理方案和报告制作能力；5. 人才达成率在 80% 以上；6. 人才流失率在 10% 以内；7. 员工满意度评价为优秀；8. 业绩考核在良好 + 及以上；9. 做好岗位保密工作；10. 通过公司其他相关考核
人力资源总监	1. 人力资源达成率达到公司目标；2. 人力资源管理达到预期效果；3. 人力资源各项制度合格；4. 培养 1 名人事经理的能力；5. 人才达成率在 90% 以上；6. 人才流失率在 5% 以内；7. 做好岗位保密工作；8. 通过公司其他相关考核

可以看出，由于人事工作大多无法直接量化，因此其晋升条件的设置大多也只能从相对量化的角度来考虑，对于实在无法量化的，则只能看员工是否具有这方面的能力，判断标准相对感性和主观。

行政人员的晋升

行政人员虽然在工作性质上与人事人员类似，但是因为它们是两个不同的岗位，因此两者的工作内容是完全不同的，在晋升方面的考核因素也不相同，表 5-9 是行政人员的晋升条件。

表 5-9　行政人员的晋升

职位级别	晋升条件
文员 / 前台	1. 熟练掌握岗位工作并运用；2. 目标完成率为 100% 及以上；3. 业务能力达到上级要求的标准；4. 差错率在 5% 及以内；5. 员工满意度在良好以上；6. 业绩考核在良好以上
行政主管	1. 具有较强的员工管理能力；2. 具体较强的公文运用和管理能力；3. 具有掌握和运用行政知识的能力，能作出相应行政规划并有效应用；4. 培养 2 名及以上文员；5. 员工满意度在良好以上；6. 目标完成率为 100% 及以上；7. 差错率在 5% 及以内；8. 业绩考核在良好以上
行政经理	1. 制订公司行政管理制度并应用有效；2. 目标完成率为 100% 及以上；3. 公司日常行政事务运行及对外关系良好；4. 差错率在 5% 及以内；5. 员工满意度在良好以上；6. 业绩考核在良好 + 以上；7. 具有行政报告和制度制作能力；8. 业务知识能力达标；9. 培养 1 名行政主管
行政总监	1. 具有较强的领导能力和员工管理能力；2. 制作员工行政手册的能力；3. 保证公司行政系统良好运行的能力；4. 培养 1 名行政经理；5. 员工满意度为优秀；6. 部门目标完成率为 100% 及以上；7. 差错率在 1% 及以内；8. 业绩考核在良好 + 以上；9. 具有管理公司整体行政工作的能力

　　行政人员的晋升阶梯相对较少，因为基础行政人员的工作内容是基本类似的，岗位划分也就不必太过细致，但不同职位级别之间，尤其是职位级别较高的行政人员，对其综合能力要求是比较高的，尤其是对于整体行政工作的把控能力。

　　因此，行政人员要从较低的职位级别晋升至较高职位，对其能力提高的程度要求较高，需要在当前基础上进行较大程度的自我提升。

技术人员的晋升

技术人员和生产人员都是公司的基层岗位，两者之间的工作内容差别很大，公司对于两个岗位所要求的员工能力也不相同，因此两者之间的晋升条件也几乎完全不同，下面就两者的晋升条件依次分别进行介绍。

技术人员是给予公司各部门技术支撑和为公司产品研发与业务流程更新贡献自己能力的岗位，因此，掌握的技术能力大小对于技术人员的晋升至关重要，掌握核心技术和产品研发能力的技术人员的晋升机会较其他技术人员来说会更大。表 5-10 所示是技术人员晋升的具体条件列举。

表 5-10　技术人员的晋升

职位级别	晋升条件
实习技术员	1. 辅助完成公司产品研发的能力；2. 熟悉公司相关技术知识和流程；3. 具有运用自身掌握的技术知识辅助研发产品的能力；4. 工作完成率 90% 以上；5. 绩效考核 75 分以上；6. 给予其他部门和员工所需技术支持的能力；7. 对参与的产品或技术研发项目保密的能力
技术员	1. 辅助完成公司产品研发的能力；2. 精确公司相关技术知识和流程；3. 具有应用技术知识辅助研发产品及汇编的能力；4. 工作完成率 90% 以上；5. 绩效考核 80 分以上；6. 给予其他部门和员工所需技术支持的能力；7. 对参与的产品或技术研发项目保密的能力
技术工程师	1. 完成公司约定产品研发及标准汇编；2. 著作权申请每年不低于 6 个；3. 每月技术培训不少于 7 小时；4. 精确掌握企业相关技术知识和流程；5. 具有应用技术知识研发产品及汇编的能力；6. 具有制订技术方案并有效实施的能力；7. 工作完成率 100% 以上；8. 绩效考核 85 分以上；9. 给予其他部门和员工所需技术支持的能力；10. 对负责和参与的产品或技术研发项目保密的能力

职位级别	晋升条件
技术主管	1. 完成公司约定产品研发及标准汇编；2. 著作权申请每年不低于 8 个；3. 每月技术培训不少于 10 小时；4. 精确掌握企业相关技术知识和流程；5. 具有应用技术知识研发产品及汇编的能力；6. 具有制订技术方案和技术流程并有效实施的能力；7. 工作完成率 100% 以上；8. 绩效考核 90 分以上；9. 给予其他部门和员工所需技术支持的能力；10. 投诉率在 10% 以内；11. 人才流失率在 10% 以内；12. 培养至少 3 名技术工程师；13. 具有一定的领导能力；14. 对负责和参与的产品或技术研发项目保密的能力
技术总监	1. 完成公司约定产品研发及标准汇编；2. 著作权申请每年不低于 8 个；3. 每月技术培训不少于 15 小时；4. 精确掌握企业相关技术知识和流程；5. 具有应用技术知识研发产品及汇编的能力；6. 具有制订技术方案和技术流程并有效实施的能力；7. 工作完成率 100% 以上；8. 绩效考核 90 分以上；9. 给予其他部门和员工所需技术支持的能力；10. 投诉率在 5% 以内；11. 人才流失率在 5% 以内；12. 培养至少 2 名技术经理；13. 技术人员在职率为 95% 以上；14. 每月提交一次公司内部技术报告，每季度提交一次行业技术报告；15. 具有很强的领导能力和决策能力；16. 对负责和参与的产品或技术研发项目保密的能力

对于技术人员来说，最大的竞争力就是自身掌握的专业技术能力，因此，在各个技术职位级别之间的晋升中，技术著作权申请和技术培训以及产品研发能力都是晋升的必要条件，且随着晋升职位级别的上升要求不断提高，除此之外，技术人员还对公司整体的技术运营负有责任。

因此，公司管理者在考虑内部技术人员晋升时可以参考此种做法，将技术要素细分为不同的晋升条件，对需要修改的考核系数进行适当修改后对晋升人员进行考核。

生产人员的晋升

生产人员是公司内部进行产品实际生产的员工，产品的质量数量直接由生产人员的工作熟练程度和对产品的把控能力决定。因此在进行晋升条件设置时，应将是否能按时按量完成生产任务以及产品的残次率作为考核对象。具体晋升条件如表 5-11 所示。

表 5-11　生产人员的晋升

职位级别	晋升条件
基础生产员工	1.按时按量完成工作任务；2.在残次率内进行产品生产；3.工作完成率 100% 及以上；4.月差错次数在 2 次以内；5.了解产品生产的大致流程
班长	1.带领员工完成工作任务；2.熟悉产品生产流程；3.在残次率内进行产品生产；4.工作完成率 100% 及以上；5.月差错次数在 2 次以内；6.培养 2 名以上基础生产员工
生产主管助理	1.产品生产标准化；2.具有对生产流程提出改进意见和相应措施的能力；3.了解产品生产相关法律法规及公司内部相关制度；4.工作完成率 100% 及以上；5.月差错次数 2 次以内；6.培养 2 名班长
生产主管	1.具有一定的员工管理能力；2.具有一定的生产成本控制能力；3.具有对生产流程进行优化改进的能力；4.熟悉产品生产相关法律法规及公司内部相关制度；4.工作完成率 100% 及以上；5.月差错次数在 1 次以内；6.培养 1 名以上生产主管助理
生产经理助理	1.对公司内部生产制度提出改进意见的能力；2.熟悉质检流程并能制订相应质检检验规则；3.精确掌握产品生产相关法律法规及公司内部相关制度；4.工作完成率 100% 以上；5.月差错次数在 1 次以内；6.培养 1 名以上生产主管；7.整体生产效率提升 5% 以上
生产经理	1.制订公司内部生产制度的能力；2.制订相应质检检验规则；3.精确掌握产品生产相关法律法规及公司内部相关制度；4.工作完成率 100% 及以上；5.月差错次数在 1 次以内；6.培养 2 名以上生产经理助理和 1 名生产主管；7.整体生产效率提升 5% 及以上；8.制订整体生产计划，进行整体生产工作安排的能力；9.年生产成本降低 5% 及以上

续上表

职位级别	晋升条件
生产总监	1. 保证整个生产系统良好运行的能力；2. 主导产品生产标准和产品设计的能力；3. 很强的成本控制能力，年生产成本降低 8% 及以上；4. 很强的管理能力，团队成员表现良好；5. 工作完成率 100% 以上；6. 培养 1 名生产经理；7. 人才流失率在 5% 以内；8. 整体生产效率提高 10% 以上；9. 生产人员在职率在 95% 以上

对于基层生产人员来说，按时按质按量完成生产工作是最重要的，也是其工作的主要内容，能做到在残次率内进行生产并能熟悉生产流程基本就能满足晋升条件，但对于处于生产管理职位级别及以上的人员来说，培养员工、优化生产流程以及控制生产成本就成了其主要能力要求。

因此，生产人员要想得到较高职位的晋升，就要不断提高产品生产的熟练程度以及对产品的把控能力，公司管理者也应注重内部生产员工以上能力的培养，使更多的员工能得到有效晋升，不断为公司提供生产和管理人才。

怎样使晋升激励变成有效激励

不管采用什么样的晋升激励方式和标准，对于公司管理者来说，最看重的是激励的最终效果，达不到预期效果的激励，就失去了原本的意义，了解一些晋升激励过程中的小技巧可以让激励变得更加有效。

公平的员工晋升激励制度

公平是一个制度得以实行的基础，只有在公平的保证下，制度的实施才可能达到预期效果。

公平的晋升激励制度是指制度对于每一个实施对象来说都是感觉公平的，要做到激励制度的公平，就要从制度内容本身出发。

（1）公平的晋升标准。晋升标准对于公司全体员工来说做不到全部统一，却能在同一部门或岗位进行统一，如对生产部门人员，每个生产职位级别的晋升标准是一致的；对销售部门人员，每个销售职位级别的晋升标准也是一致的。

（2）公平的晋升阶梯。这是指同一部门内员工的晋升阶梯应是一致的，如对行政人员来说，想要晋升，就必须从文员→行政主管→行政经理→行政总监一级级晋升，不能行政人员 A 逐级晋升，而行政人员 B 越级晋升，这样就是不公平的。

（3）公平的晋升流程。对于同一职位的晋升竞争者，若其中一人的晋升流程为：人力资源部审批晋升申请→晋升岗位工作计划汇报→各部门主管对工作汇报进行评价打分→各部门主管对员工条件与晋升标准比较→各部门主管通过晋升申请→公司总经理最终审核。那么其余的晋升申请者也应同样按照以上流程严格进行晋升申请和审核。

（4）公平的晋升考核。晋升流程的每个节点的考核都应公平和平等，为了保证这一点，公司管理者可以安排专人对整个流程进行监督，为了使监督有效，可以安排两人或两个以上的监督人员。

优先的内部招聘

内部招聘是指在公司内部存在职位空缺时，首先在内部进行公示并进行招聘，进行空缺职位的内部消化。

相对外部招聘来说，内部招聘可以节约公司成本，降低招聘风险，适合规模不大或成立时间不长的中小型公司，其招聘方式有以下几种。

（1）提拔晋升。选择可以胜任空缺岗位的内部优秀人员进行岗位填补，一般来说是进行部门内部提拔，如部门主管职位出现空缺时，部门经理可以直接推荐提拔部门内表现优秀的员工。跨部门提拔可能会由于业务和工作内容不同而使提拔人员无法胜任岗位工作。

（2）工作调换。是指部门之间的工作岗位之间平调，丰富员工能力，让其了解所属部门之外其他部门的工作，如行政部门和人力资源部门之间经常会出现这种情况，对于一些中小公司，这两个部门没有明确区分，两个部门之间往往是工作内容相互重叠。

（3）工作轮换。与工作调换类似，但轮换周期比调换短，是一种短期行为。例如，很多公司会采取让新入职员工在每个部门轮换工作1～2周，了解公司各部门工作，然后再回到最初应聘的岗位。

给予新人广阔的发展空间

新员工是公司的新鲜血液，其中不乏优秀的可塑之才，因此公司领导应格外重视新人的发展。

新人往往学习能力较强，经过一段时间积累，新员工为公司创造的价值并不比大多数老员工少，要想留住有能力的新人，就要让其感受到发展的前景。公司领导培养新员工可以有以下方法。

（1）新人储备计划。建立公司人才库，人力资源部负责筛选新人当中能力和素质特别出众的员工，经总经理审批后进入公司人才库，作为公司部门主管和经理的储备人才重点进行培养。

（2）老带新计划。让优秀的老员工一对一培养新员工，细致地对新员工进行业务技能和知识培训，让其快速成长，作为未来部门和公司创造绩效的重点员工。

（3）定岗培养计划。针对公司重要的岗位，从新员工挑选优秀人才进行定岗培养，并设置一定的考察期，通过考察后可自动进入该岗位。

（4）自愿换岗机制。是指入职 1 年以上的新人员，在熟悉本职岗位工作后，在原岗位部门经理和调岗后部门经理均同意的前提下，有权利申请调换至公司其他空缺岗位工作，不过为了避免人员流动性过大，保证岗位的相对稳定性，应限定每人的调岗次数必须小于两次。

能力相当的员工，晋升先后的选择

对于同一部门内工作能力和业绩水平相当的两位员工，怎样进行晋升的选择是困扰每个公司领导的问题，这一问题如果处理不好，很容易引发内部矛盾。管理者进行晋升取舍时可以从绩效以外的因素考虑。

（1）沟通能力。晋升使员工从低位到达了一个相对高位，工作内容更多，接触的人也更多，良好的沟通能力可以帮助其处理好内外部的关系，因此，若两位员工其他能力相当，应选择更善于沟通的人晋升。

（2）领导和决策能力。晋升后，晋升人员的言行会被作为参考标准，当部门或员工出现突发状况且部门主管和经理不在时，就需要晋升人员临时领导和决策，而一个习惯被领导，不果断的人是无法担此大任的。

（3）应变能力。应变能力是每个岗位的员工都应具备的基础素质，岗位级别不同，对应变能力的要求高低也不一样，由于晋升人员晋升后地位会得到提升，工作内容和业务范围也会扩大，因此对其应变能力的要求也更高，应变能力更好的人更能应对晋升后的机会和挑战。

（4）理解和执行能力。晋升后员工面对部门和公司领导的机会会更多，承担的工作也会更重要，这就要求员工需要对领导交代的工作任务予以准确理解，并在此基础上有效执行，这样的员工才是管理者长期信任的员工，才能被给予更多的晋升机会。

可能导致晋升失效的因素

晋升机制的各个环节是相互联系的，一个环节出错就可能导致整个机制的失效，公司管理者对晋升机制的每个要素都应高度重视。

晋升考核的定性因素分配不当

每个职位的晋升考核要素中都存在定量和定性两类指标，不同的岗位，指标分配比例不同，过高的定性要素考核会使晋升效果大打折扣。

定性因素的考核绝大程度上依赖于考核者的主观认知，因此若定性因素占晋升考核中的较大比例，会导致考核结果受个人主观意识影响大，使晋升考核结果失真，对此，公司领导可以进行事先预防，具体方法如下。

（1）能定量的决不定性。对于业绩成果、工作完成率和差错率等晋升要素，是完全可以定量考核的，在执行时应严格按量考核。

（2）半定性要素定量化。对于表达能力、领导能力、业务能力和专业知识能力等不能直接量化表现的要素，可以通过一定的方法将其量化，如对于表达能力和领导能力作出评价表格，给不同能力等级赋上相应分值，根据晋升者所处等级对其进行打分，这样最终结果就能得以量化；如针对专业知识，可以做成测试试卷或采取抽查考核的方式，通过晋升者的测试成绩或通过抽查次数来进行量化。

（3）定性要素定量化。有很多本身就是定性要素的晋升因素，如人际交往能力，也可以通过一些方法将其定量化，比如问卷调查和员工评价，可以将人际交往能力分解成各个细小的要点，为不同的要点赋上相应的权重，通过问卷调查和员工评价的方式得出量化结果。

没有监督和权力制衡的晋升难免流于形式

权力代表着一定的话语权和决定权，可以不同程度决定实施对象的命运，因此权力需要监督和制衡，没有监督和制衡的权力，最终可能会被滥用。

为了保证权力的公正，拥有公司内部晋升决定权的人也需要被监督和制衡，适当的监督和制衡机制可以保证权力在合理范围内运用。

（1）建立晋升审核体系。建立晋升审核体系来替代某一人或少数人决定晋升的现状。目前很多公司的晋升都是由公司总经理一人决定，这可能导致晋升决定过于主观，因此可以建立一个多人参与的审核体系，来代替目前这种一人决定的现状。

（2）增加晋升考核人数。以往的晋升考核，大多数是由晋升部门经理和公司总经理来进行，因此需要增加其他部门人员，将其纳入晋升考核参与人中，增加晋升考核的客观性，如可以将公司各部门主管、人力资源部员工和晋升申请人所在部门主管等都纳入晋升考核参与人中。

（3）增加独立的监督人员或团队。在晋升申请人和晋升考核人之外，公司领导可以指定专门人员或成立团队进行晋升监督，这是最直接的监督方式，为了增强监督的有效性，所选择的监督人员应与晋升各个环节的所有参与人都不相关，另外为了保证监督的客观性，监督人员应为一人以上。

晋升通道过于单一化

许多公司内部虽然存在不同岗位类型，但晋升通道往往不能与之匹配，无法满足不同岗位的个性化需求。

目前，大多数公司都采用行政管理职位晋升通道为主导的晋升模式，但公司内部的管理岗位通常是稀缺的，这就造成了大量的人员去争取少量的管理岗位的现象，这必然无法满足大量员工的晋升需要，因此，公司领导需要在此基础上为公司员工开辟多样的晋升通道，拓宽人才发展空间。建立多通道晋升机制可以从以下步骤入手。

1.划分职位序列

公司管理者需要知道，职位序列的划分并不完全取决于公司的规模，它由公司的组织形式、规模和职位数量等因素共同决定。例如，针对从事生产制造的公司来说，其职能部门一般有技术部、生产部、销售部、人力资源部、财务部、市场部、行政部、客服部和广告部等。

如果公司的职能比较齐全，进行职位序列划分时一般采取合并的方式，即将工作相同或类似的部门和岗位合并为一个序列，如针对上述公司，可以将市场部、销售部和广告部统一合并为营销序列；人力资源部和行政部统一合并为支持序列，其他部门各自成为一个独立的序列。

2. 构建各职位序列里各岗位的任职资格管理体系

这是建立多通道晋升机制的基础，也是职位管理与人力资源管理最重要的基础性工作。公司领导需要注意，岗位任职资格管理体系的建立不必在公司内部所有岗位中同时进行，而是可以先从重要职位或核心岗位开始，如公司内部的关键技术岗位和部门经理岗位等。

在进行岗位任职资格体系建立时需要注意，对于在同一序列或同一部门内的相同职位之间，在任职资格上最重要的差异并不仅是在基本任职条件上的（如工作经验和学历），也包括在知识与技能的结构（知识与技能的广度）和知识与技能的层次（知识与技能的深度）上的差异，以及能力素质上的差异。

3. 设计晋升通道及晋升标准

晋升通道的设计需要结合工作实际，尤其是对于非直线晋升通道来说，需要充分地考虑不同部门之间在工作上的重叠和交叉之处，把握相关性越高越好的总体原则，避免弱相关或不相关的晋升通道，尤其是跨度较大的序列或部门。例如，营销序列岗位与支持序列岗位通常彼此之间不能交叉，在设计晋升通道时也不能往不相关或弱相关的职位拓展。

无论是直线晋升、斜向晋升还是横向拓展，都需要建立起相应的标准。而标准的建立和选取，可以直接引用任职资格的相关要求，即无论是晋升还是平调，首先考虑候选人是否以及在多大程度上具备第二步中提及的新岗位的任职资格。

4. 设计人员评价机制与评价流程

内部竞聘为主、企业任命为辅的晋升方式是比较恰当的。此种方式一般要经过以下几个步骤：招聘岗位内部公告与报名，一般由人力资源部负责；职位申请与候选人评审，通常由各部门领导共同负责，评审的内容包括任职资格、过往业绩、相关部门满意度评价以及下属反馈等；公示，对通过终审的拟晋升人员进行公示，一般由人力资源部或行政部负责。

缺少明确的职位下降通道

职位晋升机制是公司对于优秀员工的肯定，可以正面激励员工更加努力地为公司作出更大贡献。因此，许多公司反而忽略了设置职位下降通道的重要性。

一个完整的激励机制，不仅应该有职位晋升机制，还应包括职位下降机制，这对于所有员工来说才是公平的。员工的职位下降实施有以下几种方式。

（1）考核下调。主要是对员工在岗期间的工作任务完成率进行考核，针对完成率连续两个月低于 90% 的员工，公司领导可以设置职位下调措施，由人力资源部和部门负责人对现有职位进行下调一级，无法下调的，可以考虑给予员工书面警告甚至解除劳动合同。

（2）竞争下调。对于处于同一岗位同一职位级别的员工，公司领导可以在两人之间设置竞争机制，给予两者相同的绩效考核标准，绩效考核结果较差的员工实施岗位下调的惩罚措施。

（3）部门经理下调。对于考核期尚未结束，但部门经理确实认为该员工无法胜任岗位工作的，公司总经理可以赋予部门经理直接下调或解聘该员工的权利，但部门经理应该就解聘给予合理原因，并及时告知公司总经理和人力资源部负责人。

（4）合同约定下调。对于每一位入职或进行职位聘任及调任的员工，都要签订新的劳动合同，对于每一个工作岗位，公司管理者应要求人力资源部在进行合同拟定时将职位下调或解聘条款纳入合同当中，当员工出现合同约定事项时，即可进行职位下调或解聘。例如，可以在合同中约定，若员工连续十个工作日无故旷工，公司就有权解除其劳动合同；若因突发事件导致员工能力无法胜任目前工作的情况，公司可视实际情况对员工进行岗位下调，若员工能力实在无法胜任公司工作的，可以考虑解聘。

MANAGER MUST LEARN

培训与榜样激励：
学无止境

学习使人进步。每个人的能力都是通过不断的自我学习和向他人学习而逐渐提高的。因此怎样激发员工的学习热情，引导员工从哪些方面学习也是公司管理者需要学习的激励内容。

培训激励的实际运用

　　培训是每个公司或多或少都会涉及的工作，但只有很少公司的培训能达到激励的作用，本节内容主要是帮助公司管理者怎样将公司日常的培训转化为培训激励。

培训激励制度建立

　　培训激励是指通过各种培训形式激发受训员工的学习欲望和动力，并付诸学习行为的激励手段。培训激励一般在培训制度下进行实施并发挥作用。培训制度是激励实施的基础，制度的规范性和合理性直接关系着激励的效果，因此制订者对于制度要点的把握性非常重要，公司领导在进行制度审核时也应充分考虑这一因素。下面就来看一下培训制度的要点包括哪些方面。

　　1. 对于培训需求的调查依据和结果

　　要想达到培训的目的，就要使培训立足于员工的需求，偏离员工实际需要的培训没有任何意义。因此，在进行培训制度制订前应首先针对全体员工进行培训需求的调查，员工反馈的培训需求应与业务知识、业务实际操作流程或业务常见问题培训等相关，培训需求调查方式可以采取让员工填写培训需求表的方式，样式如表 6-1 所示。

表 6-1　培训需求调查表样式

培训需求调查表			
姓名：	部门：	岗位：	填表日期：
近期最需要培训的知识或技能			
培训频率	□ 1 周以一次　□ 2 ～ 4 周一次　□ 5 ～ 8 周一次 □ 8 周以上一次		
培训时间	□工作时间　□午休时间　□下午下班后　□周末		
每次培训时长	□ 60 分钟　□ 90 分钟　□ 120 分钟　□ 150 分钟		
培训形式	□课堂讲解　□讨论会　□训练营　□现场演示　□其他		
对培训的其他要求或建议			

为了更全面地了解员工的培训需求，公司管理者还可安排人力资源部将培训需求调查表进一步细化，比如在"近期最需要培训的知识或技能"一项下加入具体的培训方向或课程供员工进行选择，如可加入岗位专业技能、客户营销技巧、行业和市场信息、管理技能、企业文化以及职业道德修养等内容。

2. 人力资源部起草培训激励制度

培训需求是培训激励制度的灵魂，它决定了培训的内容，在对培训需求进行了充分了解后就可以开始着手进行制度的起草，这一工作公司管理者可安排人力资源部负责。人力资源部经理再根据实际，安排部门内员工进行实际操作，培训激励制度的起草过程需要经历以下几个步骤。

（1）培训需求整理汇总。在起草制度前首先应安排人员进行培训需求的汇总，将相同和不同的培训需求分别整理并汇总在一个表格中，让制度起草人可以很清晰地看出哪些培训需求是被要求次数最多的，最急需的，需要首先安排开展的，哪些是要求次数相对较少的，没有太高的时限性要求的，方便进行培训时间先后的安排。

（2）确定不同培训内容的培训对象。根据员工最终分类的培训需求确定每一类培训都需要由哪些人参加，公司管理者需要知道，并不是所有培训都需要全员参与的，比如对于公文写作和行文规范的培训，显然是行政部需要培训的技能，而跟市场部、销售部和信息技术部等并没有太大关系，因此这一过程的目的就是将培训内容与参训人员进行匹配，提高培训效率。

（3）确定培训奖励。对于完成培训工作并取得较好成效的员工，公司管理者可以考虑给其一定的物质奖励作为激励，这样可以增强培训激励的效果。例如，管理者可以对连续按时参与培训且能及时将培训内容良好运用到工作中的员工，给予 100 元 ~ 500 元的奖励。

（4）确定培训惩罚。有权利就有义务，有奖励也应该有惩罚。对于不按时参加培训或不认真参加培训的员工，应该给予其一定的惩罚，以维护培训的秩序，保证培训的效果。惩罚并不是故意为难员工，因此在力度上不应过大，否则可能会适得其反，一般来说 500 元以内的惩罚金额是比较恰当的。

（5）正式起草培训制度。在经过以上 4 个步骤之后，公司就可以指定起草人员进行制度的正式拟定，拟定制度时除了以上确定的要素之外，还应加入适用范围、培训时间和制度生效时间等内容，形成一个完整的制度。

3. 培训制度审核和发布

在人力资源部起草完培训激励制度后，就需要进行制度的审核，审核通过后才能进行制度的最终确定和发布，审核和确定的过程会涉及不同的责任人。

◆ **公司各部门经理审核**：通常情况下，公司管理者会指定各部门经理作为培训制度的初步审核人，这是审核的最初也是最关键的环节，因此部门经理应就制度的各个内容进行仔细审核，包括条款的完整性和可执行性等，部门经理的审核结果是公司管理者进行最终审核的最重要依据。

◆ **公司管理者终审**：公司管理者一般依据部门经理的审核结果进行培训制度的最终审核，部门经理的审核意见会很大程度上影响管理者的最终审核结果。

◆ **人力资源部进行制度发布**：在培训制度通过管理者的审核后，管理者一般会指定人力资源部进行制度的发布和公示。人力资源部在进行制度发布后还应将该制度通过公司内部系统单独发送至制度涉及的所有员工。

培训激励的实施

建立培训激励制度只是激励的第一步，要保证激励的效果，还需要对激励的实施过程进行把控。激励实施效果的把控主要是从培训双方即培训人和参训人两方面来进行控制。

1. 从参训端进行培训效果控制

对参训人员的控制，主要是对培训参与情况和培训结果的控制，最常用的方式是采用培训签到和考试，通过签到的方式约束参与人员及时参与培训，而考试可以直接检验参训人员的培训效果。

对于参训人员的培训签到一般是通过制订统一的签到表格来具体实施，签到表格样式如表 6-2 所示。

表 6-2　培训签到表样式

培训签到表		
培训部门或人员：	培训日期及时间：	
参训部门或人员：	参与人数：	
培训内容		
培训方式	□内部人员培训	□外部人员培训
参训人员签字		

表格中，还可以根据公司员工的实际情况将参训人员的名字一一罗列出来，再在名字后留一列空格，让参训人员在自己的名字后对应签字，这样就能更清晰地看出哪些是应该参训但实际上并没有参加培训的员工，这样就能提高培训参与情况的统计分析工作效率，也能让公司管理者更简单高效地了解培训参与情况。

就培训内容组织培训后的考试，是检验参训人员培训成效的最直接方式，也能直接了解参训人员对于培训内容的接受程度。公司领导可以安排人力资源部进行考试试题的拟定、考试具体安排和考试结果统计分析等工作，考试试题应严格按照培训内容拟定，可以进行一定程度的深入，考试时间不应与培训时间间隔太久，一般来说 1 ~ 2 周较为合适。

2. 从培训端进行培训效果控制

对参训人的控制可以最大限度确保培训参与人员消化和吸收培训内容，但培训内容质量好坏的关键，取决于培训端人员。对培训端的控制一般通过参训人员的评价来进行，评价表的样式如表 6-3 所示。

表 6-3　培训评价表

培训评价表			
姓名：		参与培训课程：	
培训讲师：		培训日期：	
培训内容			
评价项目	评价内容或标准		
对培训内容的整体评价	□优　　　　□良	□中	□差
本课程最有用的内容			
本课程最没用的内容			
讲师授课水平评价	□优　　　　□良	□中	□差
培训课程内容的评价	□优　　　　□良	□中	□差
培训中的互动情况评价	□优　　　　□良	□中	□差
培训形式评价	□优　　　　□良	□中	□差
培训讲义评价	□优　　　　□良	□中	□差
是否满足你的学习需求			
你从课程中学到了什么			
应该怎样改进此类培训			
其他意见或建议			

培训激励方式及结果分析

培训激励方式不只一种，不同的培训方式在实施效果上也会不同，不同的培训结果有不同的应用，了解培训方式之间的差别和培训结果的应用能帮助公司管理者更好地选择适合的培训激励。

公司内部组织培训

这种培训方式一般是将公司内部人员作为培训讲师，根据不同的培训需求对员工进行培训，是成本最低的培训方式。怎样在内部人员中进行培训讲师的选择往往是这种培训方式的重点和难点。培训讲师对培训内容的掌握程度和表达能力直接决定培训的效果，公司管理者可以考虑将以下几类人员作为进行内部培训的讲师。

◆ **公司管理人员**：公司的管理层负责公司整体的经营管理和公司事务的决策，且管理人员一般会负责公司各项业务的分管。管理层人员具有很强的综合能力，因此可以将其作为内部培训的讲师，重点对员工的管理能力、决策能力和各重要业务知识进行培训，如分管销售工作的管理人员，可以对员工进行整个市场中同类销售信息进行培训和分析。

◆ **部门经理**：部门经理是每个部门的最终负责人，对该部门的各项业绩及流程都十分熟悉，因此，其作为培训人员可以将各自负责的部门业务中与其他部门员工相关的事项进行培训。如财务部负责人可以就公司的财务管理制度、各项办公和出差费用限额等内容对全体员工进行培训。

◆ **业绩优秀的员工**：业绩优秀的人员一般是对于岗位工作十分熟练的人员，他们往往在工作方法和技巧方面也有自己的过人之处，这些技巧是他们在工作中不断积累和优化后可以实际运用的，因此可以将这些技巧作为培训内容向全体员工进行培训，这对优化全公司的工作方法并提高工作效率是非常有用的。

聘请外部机构培训

对于无法在公司内部挑选出适合的培训讲师的情况，公司管理者就可以考虑聘请外部的培训人员到公司内部进行员工培训。外聘的培训讲师的培训经验更加丰富，培训方法更加熟练，培训成本也相对较高。外聘培训机构进行培训的关键在于选对培训机构，不合适的培训机构会使培训事倍功半。外部培训机构的选择可以从下面几个方面考虑。

（1）培训需求和培训机构业务相符。首先要明确公司的重点培训需求，然后再根据培训需求进行培训机构的选择。比如，如果公司当前要对员工进行会计事务审核培训，那么就要请外部会计师事务所的专业人员进行培训；如果是培训员工的商务礼仪，就应聘请相应的商务礼仪公司进行培训。需求和专业相符的培训才能达到培训效果。

（2）合作伙伴。每个公司都有自己的合作伙伴，公司和合作伙伴之间往往也是既相似又互补的关系，因此在业务上也有很大的交流空间。比如一个从事生产的公司，它的合作伙伴之一是某电商平台，该电商公司可以就产品网上销售的整个流程对员工进行培训。

（3）知名培训机构。除了以上两类培训机构外，对于实在无法进行培训机构选择时，还可以选择培训机构中的龙头公司，即规模最大或实力最强的机构，这样机构的培训业务涵盖范围也越广，培训讲师的能力往往也更强，也更能满足公司自身的培训需求。

组织员工外出培训

这种培训方式通常指的是让员工参加公司所在行业或公司内部组织的业务培训，这两类培训的侧重点一般会有所区别。

（1）行业培训。行业培训的组织者一般是行业的监督管理机构或是行业自律性组织，培训的内容也一般是行业监管事项和自律性事项及相关规范，培训的对象一般是针对行业所属的所有公司。如银行机构的监管机构是人民银行，因此银行的行业培训一般由人民银行及其各地分行统一组织；如证券行业的自律性组织是中国证券业协会，因此对于行业的自律要求及系统的使用由证券业协会及其派出机构完成。

（2）公司内部培训。这种方式和本章第一节所讲的培训方式类似，唯一的区别就是培训场地不一样，本章第一节所讲的内部培训一般是在公司内部完成的，此处所讲的内部培训是指由内部人员作为讲师在公司以外的场地对员工进行培训，这种培训较在公司内进行培训相比，可以减轻参训员工的压力，使其以更轻松的状态投入到培训当中，还可以在培训中穿插一些趣味游戏，让员工更好地接受和参考培训，加深印象。

根据培训结果将员工划分三六九等

培训的目的在于通过对培训内容的运用，优化工作方法，提高员工工作能力和效率，培训效果的好坏最终表现为员工工作绩效的改善。

对于员工培训结果的等级划分，有培训的考试结果和绩效结果两个划分维度，一个可以考察员工对培训知识的掌握程度，另一个可以考察员工对培训知识的运用程度。划分培训结果等级可以激励员工。

1. 从培训考试结果进行员工划分

针对每次公司内部培训，公司管理者都会指定人力资源部进行培训内容相关测试题目的拟定和具体测试的组织和统计工作，因此每次培训都会形成参训人员的培训考试结果，对于每次的培训结果，人力资源部都应该做好统计工作，并就考试结果在公司内部进行公示，让参训人员很清晰地看到自己在所有参与培训人员当中所处的位置，这有助于激励员工对培训内容不断加强学习，也可以给予员工警示，提醒其在下次培训时更认真地聆听培训内容，掌握培训知识。

2. 从绩效改善或提高方面进行员工划分

由于培训的内容都是与公司业务和员工的工作内容紧密相关的，因此如果参训人员正确理解了培训内容并能熟练运用，其工作业绩或多或少都会得到改善和提高。因此，对于培训后一段时期内员工的绩效变动数据进行统计，就可以了解培训有没有产生实质性的作用。对于该数据，公司管理者也应安排人力资源部进行公示，一方面是对绩效提高明显的员工的肯定，另一方面也是对绩效没有改善员工的鞭策和激励。员工的绩效变动数据计算公司如下。

绩效变动比例 =（统计期绩效总额 – 上个统计期绩效总额）/ 上个

统计期绩效总额 × 100%

破除机会均等的陈旧理念

公司管理者需要知道，某些机会均等跟平均分配一样，会助长部分员工的懒惰心态，抹杀部分员工的积极性，不利于形成良好的工作心态。

对于员工培训来说，公司内部的基础业务培训可以也应要求全员参与，这样才能保证全体员工对公司业务的了解，但对于一些特殊的培训机会，就应差别待遇，将机会给有能力的员工，而不是按照人人有份的理念进行分配。公司管理者可以将以下人员作为重点培训对象。

（1）核心员工。指为部门甚至公司创造主要绩效的员工，也就是为公司创造绩效的前 20% 员工，他们是公司业绩的主要贡献者，理应得到更多的培养。

（2）特别优秀的新员工。新员工对公司的归属感和认同感一般还未正式形成，此时若给予优秀新员工一些特殊的机会，就会极大限度地加深其对公司的认同感和忠诚度，也有利于公司留住优秀人才。

（3）部门主管。部门主管的能力一般超出普通员工较多，但较部门经理差距就较大，需要一段时间的积累和培养。因此，为了帮助公司部门主管更快成长，当有特殊的培训机会时，可以优先考虑部门主管，这可以帮助他们更快地提高自己，更好地为部门和公司服务。

（4）部门经理。部门经理作为每个部门的决策人和管理者，是比较成熟的员工，但面临不断变化的内外部环境，也需要不断学习新事物，不断培训，来更好地管理部门员工，更新自身知识。

被培训员工的分享和再培训

针对员工一些特殊的培训机会，为了使培训效用最大化，对于参与特殊培训的员工，可规定二次培训的义务，即就培训内容再次对公司员工进行内部培训。为了保证内部培训的质量，需要一些控制方法。

（1）培训课件要求。在二次培训之前，公司领导可以安排人力资源部对培训讲师的培训课件作出内容和质量要求并进行审核，培训讲师应按照要求进行课件制作，课件经过审核后方可正式培训。

（2）强制参与。二次培训是外出培训员工在被培训之后对培训内容进行消化吸收，并结合公司实际作出的知识汇总，对于每位员工及公司都有很强的实用性，因此，公司管理者应要求公司全员参与二次培训。

（3）增加培训互动环节。互动是培训双方针对培训内容或其延伸内容的讨论，最能反映被培训人员对培训内容的理解程度，因此为了提高培训效果，可以强制增加互动环节，要求培训双方就培训内容进行答疑解惑，同时要求被培训人针对培训内容结合自身岗位和公司实际作出相应反思和建议，并在培训中进行讨论。

（4）培训讲师评价。为了约束培训讲师，控制培训质量，还可以采取对讲师进行评价的方式，为了保证评价的及时性和真实性，应在培训结束时当场要求所有被培训人员对培训讲师和培训内容进行评价，并提出相关建议，这样不仅可以考察员工对培训内容的接纳程度，还可以考察员工对培训的满意程度。

树立和宣传奖励榜样

榜样是目标的另一种表现形式，正确地树立和宣传榜样往往可以对员工起到正面的激励作用，这也是公司管理者需要关注的问题。

管理者和部门经理以身作则

管理者是公司形象的代表，是全体员工的标杆，因此管理者的良好形象可以很直接地激励到员工；部门经理是部门内员工的标杆，又可以从部门内部激励员工。因此，两者要树立良好形象可以从以下方面入手。

◆ **践行公司价值观** 公司的价值观是对员工的理论化的思想指导，因此，在要求员工认同和践行公司价值观之前，公司管理者和部门经理应首先认同和践行公司价值观，用实际行动让员工产生信任。

◆ **公平决策：** 是否公平、公正和公开决策是员工对领导形象评价的关键维度，做不到公平决策的领导自然无法得到员工的认同和信任，公平要求管理者和部门经理的每一项决策都是从客观实际出发，不掺杂任何个人主观因素，公平是认同和信任的基础。

◆ **公私分明：**这要求管理者和部门经理在招聘、提拔和奖励员工时不会受与员工存在的任何亲疏关系的影响，严格杜绝任人唯亲的现象，坚持任人唯贤的原则。

◆ **把握良机提升形象：**准确及时地处理公司和部门内出现的一些重大事件或突发状况，对提升管理者和部门经理的形象非常有用，也是两者能力的最好体现。比如针对公司内部重大的客户投诉事件，事件的责任在于客户而非员工，但客户无理要求公司对员工进行严厉惩罚，此时，公司管理者就应摆明立场，在尊重客户的同时，也不应一味地委屈员工，而应从公正的角度维护员工。

管理者要多向员工请教

"尺有所短，寸有所长"，每位员工都有各自的优势，管理者也有自己的不足之处，向员工请教不仅可以增加双方的交流，还可以树立一个良好的管理者形象。管理者在对员工进行请教时要掌握正确的方法。

1.恰当的时机

恰当的请教时机直接决定请教的效果，在员工认真工作时进行请教是非常不合适的，但也并非所有的休息时间都可以随时向员工进行请教，公司管理者可以从以下几点来把握请教的时机。

（1）工作间隙的休息时间。每位员工的注意集中力都是有时限的，每位员工在工作时间内都会进行相应的小段时间的休息，以便再次集中精力，因此公司管理者可以抓住这个时机，对员工进行请教和沟通，比如工作3～4个小时后这个时间段，员工经常会产生疲倦感。

（2）午休和下班前一段时间。有统计表明，在午休和下午下班前10分钟员工的工作效率是很低的，因为大多数员工已经进入了休息和下班的状态当中，很难再高效率地工作，管理者也可以对这段时间进行利用。

（3）午休快结束的前一段时间。类似午休和下班前一段时间，员工在开始工作时往往也需要一定的时间进入工作状态，不同的人所需时间长短不同。在午休结束前一段时间对员工进行请教可以帮助员工提前进入工作状态。

2. 恰当的对象

请教也需要公平，这会直接影响员工的印象。管理者在向员工进行请教时应注意请教对象尽量涵盖每个部门的员工，而不是个别地请教。

（1）部门选择。应尽量涵盖公司内所有部门，在进行部门先后顺序选择时可以从部门的重要程度进行考虑，按部门重要程度依次进行。

（2）员工选择。管理者在选择请教的具体对象时应注意两类员工，一是部门内最优秀的员工；二是部门内最差的员工。对于部门内最优秀员工的请教，可以从其岗位工作和工作绩效方面进行，这也是对员工能力的肯定，可以很好地激励员工；对于最差员工的请教，可以忽略工作成绩，而从其工作习惯和工作态度方面入手，这可以让员工感受到管理者的重视和鼓励，有利于激励其在提高工作能力和绩效方面进行努力。

树立除管理者和部门经理之外的标杆

管理者和部门经理是公司的领导层，与员工始终有一定的距离感，因此除管理者和部门经理外，还应树立更多普通员工中的榜样。

普通员工的榜样树立，要以员工的能力和绩效为主，但也不应忽视员工的品德因素，公司管理者可以考虑将以下几类人员作为员工榜样。

（1）公司内绩效前 5% 的员工。绩效是一个员工能力的综合体现，一般来说公司绩效前 5% 的员工都会自动成为其他员工的榜样，其余员工会自动将其作为努力的目标。

（2）部门内绩效第一的员工。部门绩效第一的员工无疑是部门内创造效益最多的员工，也是部门其他员工学习的榜样，公司管理者可安排部门经理将部门榜样在公司内进行公示，将其树立为全公司的榜样。

（3）出勤率最高的员工。出勤率是员工工作态度和责任心的体现，将出勤率最高的员工作为公司榜样，不仅可以激励其余员工提高出勤率，还可以对该员工本身进行激励，促进该员工其他方面的进步。

（4）加班最多的员工。员工加班一般有两种情况，一是当天的工作没有做完；二是在对接下来的工作进行规划和准备。第一类的员工，能够用主动加班来完成自己本身没有完成的工作，说明其责任心较强，将其树立为榜样，是对其责任心的肯定，也可以激励他提高工作效率；第二类的员工，工作效率高，计划性强，这类员工的工作绩效往往也是比较好的，将其树立为榜样，更多的是努力激励员工学习其高效率和有计划的工作态度，有利于培养员工良好的工作习惯。

（5）职业素养最好的员工。职业素养是员工综合素质的体现，不仅表现在其自身的工作态度和方法，还表现为其与内部员工和外部客户、合作伙伴的沟通相处情况，对员工的综合能力要求较高。因此公司领导可通过问卷调查的方式，选出公司内部职业素养最高的员工，然后将其作为标杆，让全体员工进行学习。

宣传榜样，树立榜样形象

树立榜样只是榜样激励的第一步，而激励效果如何，更多地是由榜样的宣传方式决定的。

要想实现榜样激励的目的，就要做好榜样宣传，榜样宣传方式很多，公司管理者可以选择一种或多种来进行公司内部的榜样宣传。

（1）办公场所公示。这是最直接的榜样宣传方式，公司管理者可安排人力资源部或行政部负责，将榜样人员的照片和事迹都统一做成规范的海报，在公司的显著位置进行公示。

（2）举办主题榜样宣传活动。可在公司内部定期举办学习榜样的主题活动，每期确定一个榜样主题，比如绩效榜样学习，并针对相应的活动制订活动细则，对员工作出一定的约束，确保达到一定的榜样学习效果。

（3）榜样人员分享。可邀请公司的榜样人员在内部针对榜样事项对其余员工进行分享，如绩效榜样可以分享其取得高绩效的方法和技巧，出勤率榜样可以分享其保持高出勤率的心得。

（4）方法和经验内部平台分享。可要求榜样人员将其自身的经验和方法形成书面文字，然后由人力资源部将其公示在公司内部网站中，或以内部邮件方式发送给每位员工，此外公司员工还可与榜样进行沟通交流，针对一些有代表性的问题进行交流，可将其整理为文档，共享至公司内部平台，供所有员工学习和查阅。

公司管理者还可根据内部实际情况，充分利用公司内部平台和资源，通过其他多种方式进行榜样宣传，宣传方式越多样，与员工的实际工作联系越紧密，宣传效果也越好。

奖励榜样，给予榜样持续向上的动力

树立和宣传榜样是对员工的肯定，也是一种精神奖励，为了使榜样能够保持持续不断的动力，还需要对榜样进行一些实质性的奖励。

1. 物质奖励

物质奖励是指能够满足人们生存需要的奖励，包括奖金和奖品等。物质奖励可以更好地满足员工的物质生活需求，提高其生活质量，具体来说物质奖励的方式有以下几类。

（1）单一的现金奖励。单一的现金奖励，就是指完全用奖金的方式对榜样员工进行奖励，奖励金额的设置是单一现金奖励的重点。由于榜样激励是对员工在工资和奖金之外的额外奖励，因此在金额上不宜太多，一般来说 1000 元以内较为适宜，过多的奖励会显得太过功利，不利于榜样氛围的形成，还会给公司带来较大的额外成本。此外，对于每一个榜样员工的奖励金额应一致，这样才能体现奖励的公平，起到良性激励的作用。

（2）单一的实物奖励。实物奖励就是通过具体奖品对榜样进行奖励，完全替代现金奖励的奖励方式。一般来说，实物奖励应选择实用性较强的产品，且金额限制应参照单一的现金奖励，不应过高。如可选择智能电饭煲、扫地机器人或微波炉等物品进行奖励，奖品的采购一般由行政部、人力资源部或后勤部负责，严格按照预算进行购买。

（3）现金奖励 + 实物奖励。与单一的现金和实物奖励相比，现金加实物奖励的方式是对两者进行兼顾，但由于奖励预算的限制，采用两者组合奖励的方式可能会导致现金和实物奖励力度都较小。例如，若对于每位员工的奖励预算金额为 1000 元，用单一的现金或实物奖励时可以将这 1000 元直接进行现金或奖品奖励，但当采用现金和实物组合奖励时，1 000 元可能就会被分为两部分，其中 500 元用于现金奖励，剩余的 500 元用于奖品奖励，这样的话看来现金和奖品奖励都被"打折"了，可能会降低奖励的效果。

2. 精神奖励

精神奖励是指能够满足员工精神需求的奖励，如奖章、证书、书面或口头表扬等。

（1）奖章和证书奖励。指通过制作奖章和证书的方式对公司榜样进行奖励，奖章和证书的内容应包括奖项内容、公司名称、员工姓名和奖励事项等内容，公司管理者可安排人力资源部进行协调和制作，为了增强激励的效果，奖章和证书应当着公司全体员工的面对被奖励人员发放。

（2）书面表扬。书面表扬主要可以通过公司内部统一表扬文件的方式进行，即将奖励事项和对应奖励人员由人力资源部统一进行奖励制度的拟定和下发，通过公司文件下发至每位员工，人力资源部还可在公司内部公开会议上就奖励文件内容向全体员工公开讲解，加强激励效果。

公司管理者需要知道，要起到榜样的效果，激发员工的积极性，就需要将物质奖励和精神奖励相结合，根据公司情况确定两者之间的比例分配。这样才能同时满足员工的生理和心理需要，使激励效果最大化。

第7章

MANAGER MUST LEARN

惩罚与危机激励：不可忽视的负面激励

在受到威胁的状态下，人的能力往往能够得到超常发挥。公司管理者能给予员工的最大"威胁"，就是惩罚和危机。惩罚和危机激励的效果，不一定亚于正面激励的效果。

惩罚机制建立的参考要点

惩罚与奖励相对，是当员工达不到被要求的状态时所要受到的处罚。而员工为了免受处罚，就不得不进行一定程度的努力，惩罚机制也就由此起作用，而在这过程中会涉及哪些工作，是公司管理者需要了解的内容。

考核标准和惩罚方式

惩罚机制的建立是进行惩罚激励的基础，而考核标准和惩罚方式又是惩罚机制的灵魂。惩罚机制的考核标准是明确什么样的状况需要对员工进行惩罚，而惩罚方式是明确在具体的惩罚标准下应以什么形式对员工进行惩罚。

对员工的惩罚标准一般有两大类，一类是工作绩效考核结果标准；另一类是工作行为标准。针对每类标准的不同标准级别，惩罚的力度也不一样，下面来具体看一下。

1. 工作绩效考核结果标准

工作绩效考核结果标准是对员工进行工作绩效的任务量规定，通过实际工作绩效与任务量的差值对员工进行相应的奖惩，根据员工的绩效考核标准，惩罚机制的考核标准可分为月度、季度和年度。

（1）月度绩效考核标准。通过员工的月度绩效考核结果，对未达到月度绩效标准的员工进行相应的惩罚。

（2）季度绩效考核标准。通过员工的季度考核结果，对未达到季度绩效标准的员工进行相应惩罚。季度绩效考核标准一般比月度考核标准高，惩罚力度也比月度考核大。

（3）年度绩效考核标准。对员工全年绩效进行考核，对未达到年度绩效标准的员工进行相应惩罚。年度绩效考核标准一般比季度考核标准高，惩罚力度也比季度考核大。

2. 工作行为标准

工作行为标准是指对员工工作中的不规范行为进行相应惩罚。这里的工作行为，包括员工在公司内的所有行为，包括但不限于以下事项。

◆ 上班期间串岗、打闹或大声喧哗影响其他员工工作的。

◆ 玩忽职守，因员工未履行自身职责而给公司带来损失的。

◆ 在工作场所聚众赌博的。

◆ 未经领导许可无故离岗的。

◆ 故意怠慢本职工作，导致工作无法按时完成的。

◆ 不服从上级管理或命令的。

◆ 损害公司利益或泄露公司机密的。

◆ 盗窃同事或公司财物，索要或收受客户财物的。

以上只是列举的一些常见事项，公司管理者可将员工可能影响公司利益的所有行为纳入惩罚机制，作为惩罚机制的考核标准，对员工进行相应的约束。

惩罚方式就是具体的惩罚措施，公司管理者应根据不同的惩罚力度设置不同的惩罚方式。常见的惩罚方式有以下几类。

◆ **绩效工资扣减**：对于因绩效考核结果不达标而受惩罚的员工，其惩罚措施理所应当地是扣减相应的绩效工资。

◆ **口头警告**：对于一些比较轻微的行为，可以采取口头警告的惩罚，如员工迟到次数较多或首次没有按照公司要求着装的。

◆ **书面警告**：对于无故旷工或与客户发生直接冲突等行为，可以给予员工书面警告的惩罚，在公司内部对员工进行通报批评。

◆ **严重警告**：对于不服从上级管理或没有很好地为客户服务导致客户投诉等行为，可以给予员工严重警告，情节十分严重的还可以给予员工一定的经济惩罚，如扣奖金或绩效等。

◆ **留用查看**：对引发客户重大投诉或因履职不当给公司造成重大损失的行为，可以给予员工留用查看的处罚，对于没有改善意向或行为的，可以予以解聘。

◆ **降低职位**：对于无法履行岗位职责，玩忽职守的行为，可以给予降职的处罚。

◆ **解除劳动合同**：对于存在非法行为或损害公司利益的行为，应与员工解除劳动合同。

考核周期和考核对象的合理设置

考核周期即考核的间隔时间，周期的设置与考核标准紧密相关，针对不同的考核标准，考核的间隔时间也不一样，考核周期和考核标准相互匹配才能更好地实现考核的目的。考核对象是惩罚机制的具体实施对象，考核标准和周期作用的对象也都是被考核者，因此考核标准、考核周期和考核对象三者之间需要有机统一，才能达到考核的最终目的。如表 7-1 是在不同的考核标准下考核周期和对象的设置。

表 7-1 不同的考核标准对应的考核周期

考核标准	考核周期	考核对象
绩效考核结果	与绩效考核周期一致，若绩效考核周期为月度，则惩罚机制的考核周期也应为月度	与绩效绩效考核对象一致
工作行为	月度，规模较小且人数较少的公司可以以周为考核周期	全体员工

以绩效考核结果为标准的惩罚机制，考核完全是依据绩效考核结果确定的，绩效考核周期与惩罚考核周期一致，才能保证每一个惩罚周期内的绩效考核标准与绩效考核的周期是同一个周期。而绩效考核对象和惩罚考核对象的统一才能保证绩效考核结果对应的被考核者与惩罚考核的被考核者是同一人，才能保证绩效考核结果与惩罚考核的被考核者一一对应。

对于依据员工工作行为为标准进行的惩罚考核来说，因为员工行为是一个无法量化的过程，且受人的主观因素影响大，因此考核周期越短，其考核结果也就越客观，随着考核周期越来越长，考核的结果会变得越来越主观，因此基于工作行为的惩罚考核，周期应越短越好。

工作行为与绩效不一样，有的员工或岗位是无法产生绩效的，但工作行为却是每位员工，每个岗位都会产生的，是没有人员区别的，可以用同一个标准进行考核，因此它的考核对象应该是公司内的每一位员工，缺一不可。

惩罚机制的具体应用

惩罚机制是通过考核结果起作用，针对不同的考核结果，惩罚机制有不同的应用方式，把握正确的应用方式，可以帮助公司管理者强化惩罚激励效果。

确定惩罚的对象

惩罚的对象也就是考核的对象，但考核的对象不一定是惩罚的对象，只有达到惩罚标准的考核对象才是惩罚对象。一般来说，惩罚的对象不仅与员工个人相关，还与员工所在部门相关，员工个人是惩罚对象的直接责任人，而部门是惩罚对象的间接责任人。

惩罚对象的确定是严格依据惩罚考核结果确定的，其确立过程一般要经过几个步骤。

1.确定绩效考核或员工行为未达标数据

实施惩罚的依据是惩罚考核标准，即员工工作绩效考核结果和行为标准。因此进行惩罚激励的首要步骤就是明确考核结果，将绩效考核结果和员工行为不达标的数据按照不同的考核标准分别进行汇总，得出绩效考核不达标汇总结果和员工行为不达标汇总结果。

2. 确定惩罚责任员工

根据第一步中汇总的两类数据，将数据按照员工进行细分，一位员工对应一项数据，若某位员工既存在绩效考核结果不达标的情况，又存在行为不达标的情况，就要将两类数据进行汇总，最终形成一个数据，然后以员工为单位，对照相应的惩罚标准对员工进行具体的惩罚。

3. 确定惩罚责任部门

员工是惩罚实施的主要对象，而其所在部门是惩罚实施的次要对象，负有连带惩罚责任，对部门的惩罚一般是指对该部门经理的惩罚。在确定了相应的惩罚责任员工之后，公司管理者可依据该员工距考核标准之间的差距以及所受惩罚的力度，对部门经理进行相应惩罚。员工所受惩罚力度越重，说明其考核结果与考核标准差距越大，部门经理所受的连带责任也越大，受到的惩罚力度也应最大。

绩效是惩罚的依据，也是表现

绩效考核结果是惩罚激励的主要考核标准，工作行为是考核的次要标准，对应的，绩效考核结果也就是进行惩罚的主要依据，而惩罚的方式，往往也是扣减绩效工资。对于绩效工资的扣减，有不同的扣减方式。

1. 按比例扣减绩效工资

按比例扣减绩效工资是指针对于未达标的绩效考核不同情况，设置不同的绩效工资扣减比例，按比例扣减，作为其绩效不达标的惩罚。表7-2是某公司不同绩效考核结果对应的绩效工资扣减比例系数。

表7-2　不同的绩效考核结果对应的绩效工资扣减比例

绩效考核结果	绩效工资扣减比例
绩效考核结果与任务量差额在 5% 以内	每半年有一次豁免机会，不对绩效工资进行任何扣减，半年内超过一次，每次扣减绩效工资 10%
绩效考核结果与任务量差额在 20% 以内	20%
绩效考核结果与任务量差额在 20% ~ 30%	30%
绩效考核结果与任务量差额在 30% ~ 50%	50%
绩效考核结果与任务量差额在 50% ~ 70%	70%
绩效考核结果与任务量差额在 70% ~ 100%	100%

从表中可以看出，按比例扣减绩效工资的方式中，员工的绩效工作与绩效考核结果完全相关，且绩效考核结果与任务量的差额越大，绩效工资扣减比例就越大，实际的扣减比例公司管理者可进行相应更改，但应把握扣减比例与绩效结果完全相关这一原则。

2. 按实际数额扣减绩效工资

按实际数额扣减绩效工资的方式与按比例扣减不同，前者扣减的金额是固定的，后者扣减的金额根据绩效工资的基数和扣减比例不同而变化。表7-3是某公司不同绩效考核结果下不同的绩效工资扣减金额情况。

表7-3　不同的绩效考核结果对应的绩效工资扣减金额

绩效考核结果	绩效工资扣减金额
绩效考核结果与任务量差额在 5% 以内	300 元

续上表

绩效考核结果	绩效工资扣减金额
绩效考核结果与任务量差额在 20% 以内	1 000 元
绩效考核结果与任务量差额在 20% ~ 30%	1 500 元
绩效考核结果与任务量差额在 30% ~ 50%	2 500 元
绩效考核结果与任务量差额在 50% ~ 70%	4 000 元
绩效考核结果与任务量差额在 70% ~ 100%	6 000 元

从表中可以看出，按金额扣减绩效工资的方法下，同一类考核结果下的所有员工的绩效工资扣钱数额是一致的，这意味着针对同样的考核结果，绩效工资基数大的员工和绩效工资基数小的员工的扣减金额一样，这就没有考虑到不同员工绩效工资基数不同的情况，会使得该方法显失公平。因此公司管理者需要注意，该方法比较适合公司内所有员工的绩效工资基数都一致或绩效工资基数差异不大的情况。

对新员工给予犯错的机会

考核标准是对员工进行惩罚的主要依据，但考核结果并不总是能真正反映员工的真实情况，因此，公司管理者在进行惩罚激励时还需要考虑一些特殊情况。

为了保证激励机制的公平性，每位员工在惩罚激励的考核标准上应完全一致，但对刚入职的新员工，他们需要一段时间来适应公司的考核制度，需要一段过渡时间才能适应公司的考核状态，就算是新员工中有潜力的员工，也可能无法马上达到考核标准，受到惩罚，因此，基于这种情况，在全员一致的考核基础上，公司管理者应考虑这种特殊情况，在惩罚机制中针对新员工设置一些特殊的临时条款，适当给予新员工一些犯错的机会。

1. 给予新员工绩效考核一定的宽限期

针对绩效考核，新员工和老员工的考核标准是一致的，但是为了保护新员工的工作积极性，给予其对绩效考核一定的适应期，可以在绩效考核周期上给予其一定的宽限，将原有的考核周期适当延长，以保证新员工能够更好地达到绩效考核标准，避免被惩罚。此外，宽限期也不应过长，在原本的期限上延长 10% ~ 20% 即可，否则会导致整个惩罚机制显失公平，引起老员工的不满，不利于塑造公司内部和谐工作氛围。

2. 给予新员工一定的豁免惩罚机会

这主要是针对新员工因绩效考核结果不达标可能导致惩罚的情况，因为公司的绩效考核标准一般是针对老员工的平均水平或在平均水平上进行上浮得出的，因此对于新员工来说，在刚开始进入考核时很有可能达不到考核标准，那么根据相应的惩罚激励制度就将受到惩罚，这样的话很有可能打击新员工的信心，影响其工作心态。

因此，对此公司可以给予新员工一定的豁免机会，新员工在最初的考核中可以免受因绩效考核不达标的惩罚，但如果豁免机会过多也会导致整个机制不公平，因此设置 1 ~ 2 次即可。公司管理者需要注意，若新员工是因为工作行为不达标而导致的惩罚，则不需要设置豁免机会。

在惩罚机制中给予新员工一定的绩效考核优惠，不仅可以保护新员工的积极性，帮助公司留住人才，还可以增强新员工的归属感，使其更加认同公司，更努力地为公司创造绩效。

惩罚错误，更要惩罚不改正错误

惩罚激励的目的，是为了通过对员工不达标绩效或行为的惩罚，激发其工作动力，促使其不断改善工作绩效和行为，惩罚不是目的，改善才是目的，因此对于受到惩罚却没有丝毫改善的员工，公司领导可以考虑给予更重的惩罚。惩罚错误，更要惩罚不改正错误，对于出现以下不改正错误表现的员工，公司管理者可以考虑加重惩罚。

1. 连续多次触犯绩效考核惩罚标准的员工

针对连续多次因绩效考核结果不达标而触犯惩罚机制的员工，公司管理者应加重惩罚，这类员工连续多次绩效考核不达标一般有两类原因，一是该员工没有为绩效考核而努力工作，这说明这类员工对工作缺少责任心，如果加重惩罚还是无法激发员工的积极性，那说明该员工可能不适合公司，可以考虑辞退；二是该员工确实做了努力，但也确实没法创造更多的绩效，这类员工可能不适合该岗位的要求，公司也应及时与员工沟通，向其说明情况，让其寻找更适合自己的工作。

2. 连续多次触犯工作行为惩罚标准的员工

连续多次触犯工作行为惩罚标准也有两种情况，一是多次触犯同一个行为标准，二是多次触犯不同的行为标准。若是第一种情况，说明员工根本没有对其不规范行为引起重视，没有改变其行为的意识，这说明员工可能不善于听取意见，领导比较困难，这类员工往往在公司中很难得到进步，也无法为公司创造太多的价值。

若是第二种情况，说明可能该员工本身对行为标准的认知比较浅薄或本身素质修养不高，无论哪种原因，都不利于公司人才的培养。针对以上两类员工，若是加重惩罚还是无法使其行为得到改善，那么说明他们可能无法适应公司的工作环境，公司管理者应尽早考虑将其辞退。

竞争激励，竞争是危机产生的直接原因

有竞争才有优劣，有竞争也才有危机，有危机才有动力。在沙丁鱼中加入鲶鱼，就可以大大提高沙丁鱼的存活率，这就是所谓的"鲶鱼效应"，竞争激励也是公司管理者必须了解的重要激励措施。

数据激励，没有不想当将军的士兵

数据激励是指详细登记和统计下属的各种工作数据，并通过多种方式对统计数据予以公布，使员工和领导对自己和公司的情况一目了然，以便明确以后的工作方向，起到激发员工积极性的目的。用数据显示员工的绩效和贡献，更有可比性，也能更有说服力地激发员工的进取心。公司管理者在对员工进行数据激励时有以下几种方式。

1.部门内定期数据汇报和公示

每个部门经理可指定部门内的某一人进行部门内全员的数据统计工作，或可规定每人负责自己的数据统计工作。统计周期以周为单位比较适合，更有针对性，因为部门内员工的工作性质有很强的相关性，因此应制订规范统一的统计数据表格，员工只需根据数据指标填充具体数值即可。

对数据进行统计之后，部门经理应每周组织部门内的数据汇报工作，每位员工应对自己的每项数据进行汇报，汇报内容应包括在部门内排名情况、每项数据具体内容和未来一周的工作重点等。汇报前部门经理可将上一周部门内数据排名情况进行通报。这样可以使部门员工很清楚地认识到自己在部门内所处的位置，可以有针对性地对薄弱数据对应的业务方面进行努力和改善。

2. 公司内部定期数据公示

公司管理者可指定人力资源部或电脑部负责该事项，将所有员工的数据按部门或团队进行分列，数据中应包括部门和团队汇总数据以及各员工明细数据，最后按部门、团队和个人进行数据排名，每周一对上周数据在内部微信群或 QQ 群里进行统一公示。这样可以使管理者、部门经理和员工很清楚地看出公司整体、部门以及个人的数据情况，也可以使以上三方根据具体数据进行相应的公司、部门和个人决策。

3. 召开公司数据公示和总结会议

这种方式下的数据周期可以较长，一般是对月度或季度数据进行公示、汇报和总结，会议一般由公司管理者组织，部门经理和员工参会，公司管理者对公司近期整体数据进行通报，并指出数据的优劣；部门经理就各部门数据进行汇报和公示，分析优劣，提出具体改进措施；员工就个人数据向部门经理和管理者进行汇报，主要分析数据的不足和未来改进措施。通过会议，可以使部门经理和员工明确未来的努力方向，更有针对性地提高部门和个人。

部门内竞争，形成部门正向激励

竞争氛围的塑造应是全方面的，不仅包括公司内部，还应包括部门内部，小范围的竞争往往更有针对性，效果更好。公司管理者和部门经理在设置内部竞争时主要有以下几种方式。

1. 部门内相同职位级别设置和名额限制

对于部门内同一性质的工作岗位，可根据岗位人数设置不同的职位级别，且规定部门内员工有对较高工作岗位公平竞争的权利。例如，针对财务部门的会计岗位，可以设置为初级会计、中级会计和会计主管3个岗位，岗位名额分别为2人、1人和1人。若部门现有会计人数为3人，这两名初级会计人员和一名会计主管，那么这两名初级会计人员就会为了竞争唯一的中级会计岗位而不断学习中级会计岗位知识和业务，不断提高自身能力。

2. 部门内员工绩效奖惩

可在公司的激励和惩罚制度之外针对部门内所有员工绩效结果设置部门内的奖惩机制，增加奖惩维度。例如，针对部门内绩效排名第一和最末的员工，可以给予额外的现金奖励和处罚。此外，针对绩效排名最末的部门员工，还可以给予强制学习业务知识并向部门经理汇报学习总结和强制加班等惩罚措施。

设置竞争对手，让对手推着你前进

竞争的对象越具体，竞争激励就越有针对性，效果也就越好。因此，需要给每位员工设置具体的竞争对象，即明确他们的竞争对手具体都是谁。这里的竞争对手，是指公司内部的竞争对手。

（1）公司内绩效排名前 10% 的员工。可以将其作为公司绩效排名 10% ～ 30% 的员工的竞争对手，或是作为部门最优秀员工的竞争对手，这两类员工虽然与公司绩效排名前 10% 的员工在绩效和能力上有一些差距，却是可以通过努力不断缩小差距甚至超过公司内绩效排名前 10% 员工的。

（2）部门最优秀的员工。部门最优秀的员工一般会自动成为部门其余人员的竞争对手，部门内其余员工会为了赶超最优秀员工而不断努力，但需要注意，针对与部门最优秀员工差距很大的员工来说，盲目地将其作为竞争对手是不科学的，甚至可能会打击该员工的自信心，因为部门经理应加强引导，降低其竞争对手的标准，为其匹配适合的竞争对手。

（3）能力相当的员工之间。这主要是指将两个能力相当的员工作为彼此的竞争对手，能力相当的两个员工之间的差异一般极小，两者之间的排名变化也不大，将两者互相作为竞争对手有利于保持两者的竞争动力，在保持自己优势的基础上为赶超对方而不断努力。

引入外部竞争，外面的世界很残酷

除了内部竞争对手之外，公司管理者还可以给员工引入适当的外部竞争，外部竞争可以丰富公司内部的竞争氛围，激活内部员工的活力。

西班牙人爱吃沙丁鱼，但沙丁鱼非常娇贵，极不适应离开大海后的环境。当渔民们把刚捕捞上来的沙丁鱼放入鱼槽运回码头后，用不了多久沙丁鱼就会死去。而死掉的沙丁鱼味道不好销量也差，倘若抵港时沙丁鱼还存活着，鱼的卖价就要比死鱼高出若干倍。为延长沙丁鱼的活命期，渔民想方设法让鱼活着到达港口。后来渔民想出一个法子，将几条沙丁鱼的天敌鲇鱼放在运输容器里。因为鲇鱼是食肉鱼，放进鱼槽后，鲇鱼便会四处游动寻找小鱼吃。为了躲避天敌的吞食，沙丁鱼会自然地加速游动，从而保持了旺盛的生命力。如此一来，一条条沙丁鱼就活蹦乱跳地回到渔港。

这就是经济学上著名的"鲇鱼效应"。公司管理者在对公司进行管理时也一样，公司内部成员在相处久了之后，就会缺乏活力和新鲜感，进而产生惰性。尤其是公司内部的老员工，由于工作时间过长，就容易出现厌倦和懒惰的状态，因此公司管理者可以找些外来的"鲇鱼"加入公司，引入外部竞争，给员工制造紧迫感。在这一点上，日本的本田公司就有非常出色的经验。

本田公司的员工基本由3种类型组成：一是不可缺少的优秀人才，约20%；二是为公司和工作不断奋斗的勤奋员工，约60%；三是拖公司后腿的闲散员工，20%。很明显，第三类员工是不利于公司发展的，但完全淘汰又不太现实，也会给公司带来较大的损失。为了增加第一和第二类人员，减少第三类人员，本田公司高管受鲇鱼效应启发，对公司进行了人事改革，他首先从销售部进行改革，因为销售部负责人的观念已严重落后，不再适应公司和业务的发展，于是他从外部引入了一条"鲇鱼"，从其他知名企业招聘了一位非常优秀的销售管理人员，他因自己丰富的市场营销经验和工作热情，受到了部门全体员工的认可，也激发了全体员工的积极性，增强了部门的活力，使部门的月销售额大大提高，公司知名度也不断提高。

可以看出引入外部竞争对于激发员工动力具有重大作用，因此公司管理者在进行竞争激励时应注重引入外部优秀人才的必要性和重要性。

危机意识激励和末位淘汰激励

除了惩罚激励和竞争激励之外，公司管理者还可以将危机意识激励和末位淘汰激励作为内部负面激励机制的补充，使得激励机制更加完善和全面。

危机意识激励，居安思危

危机意识激励是指公司管理者通过不断向员工灌输危机观念，让员工明白可能因公司面临的威胁和艰难环境而给其工作和生活带来不利影响，从而借此激励员工更努力工作的激励方式。

就像我国著名企业家华为董事长任正非经常告诫华为的员工"华为的冬天很快就会来临"，以此来给员工灌输危机观念。一般来说，公司管理者比公司的其他任何人对危机都更敏感，更能感知危机的出现，因此公司管理者往往是员工危机意识的主要灌输者和培养者。

危机意识其实是一种强烈的生存意识，无论是公司管理者还是普通员工，如果不能积极进取，不能清楚认识到当前惨烈的竞争形势，那么都注定将被市场所淘汰。著名企业海尔集团就以"永远战战兢兢，永远如履薄冰"为生存理念，使企业保持蓬勃向上的发展动力。因此，公司管理者也需要通过一些方法树立公司员工的危机意识。

（1）向员工灌输公司前途危机意识。企业管理者要告诉员工，公司在激烈的市场竞争中随时都可能被淘汰，而公司以前取得的成就也都只是历史，要想避免公司被淘汰和员工失业的威胁，只有全员努力工作，不断使公司发展壮大。

（2）向员工个人灌输个人前途危机意识。公司的前途和员工的前途是紧密相关的，因此，公司内每位员工都应随时保持自危意识，公司管理者和领导层应给员工灌输一种"今天工作不努力，明天就得努力找工作"的观念，促使员工更积极主动地工作。

（3）向员工灌输公司的产品危机。公司管理者和领导层应让员工明白，产品的最大竞争优势是产品本身独特性，若公司的产品无法与市场上同类公司生产的产品进行明确区分，那产品的可替代性就很强，公司产品销售的稳定性就很弱，因此员工一定要注重培养创造特殊价值的能力，做到"人无我有，人有我优，人优我特"。

此外，公司管理者还可以从在公司内部积极开展员工技能竞争、自我产品淘汰和不让次品出厂等方面进行全员危机意识培养。

美国某知名企业的发展历史上，曾出现过濒临倒闭的情况。但企业创始人的思想观念和工作方法已经落后于时代，因此企业发展得非常不景气，后来该创始人采取了裁员且减薪 2/3 的应对措施。随后，该创始人很快去世了，新的领导者就任了管理者的职位，面对同样的困境，该管理者采取了与创始人完全相反的应对措施，在上任之初就宣布将全体员工的薪酬增加 20% 并将工作时间缩短一个小时，并告诉全体员工，企业的生死存亡由每位员工决定，希望大家共同努力渡过难关。最终，这一举措使全员士气高涨，公司在半年内就扭亏为盈。

从该案例可以看出，当公司面临危机时，将公司命运交于所有员工，信任所有员工，并给予员工额外的奖励，比一味地裁员减薪更能有利于帮助公司渡过难关。

末位淘汰激励，逆水行舟不进则退

末位淘汰激励主要是针对绩效考核实施的，它是指根据员工的绩效考核标准对其进行考核，对考核结果中得分靠后的员工进行淘汰的方式，它的激励作用在于通过设置淘汰机制使员工为了避免被淘汰而不断努力。公司管理者在实施末位淘汰时需要掌握正确的实施步骤。

◆ 对考核结果为不胜任工作岗位的员工，公司应为其提供一次培训或者岗位调整的机会。

◆ 对培训或调岗后的员工重新设置考核程序，或按照调岗后的岗位考核程序重新进行考核。

◆ 考核通过的员工，应继续留任，不得解除劳动关系；仍未通过考核的员工，可被认为是再次不胜任工作员工，公司此时拥有解除劳动合同的权利。

◆ 对于可与之解除劳动合同的，公司需要提前通知员工。法律规定的提前通知期是一个月，因此公司通知员工的时间最少不能少于一个月。

◆ 最后公司应根据员工的工作年限支付一定的经济补偿金。经济补偿金的标准按照在单位的工作年限给付，每满 1 年支付 1

个月工资；工龄超过 6 个月但不满一年的，给予 1 个月工资的补偿；不满 6 个月的，给半个月工资的补偿。

另外，公司管理者需要注意，末位淘汰激励并非对每个公司都适用，管理者可以通过以下一些标准来结合公司实际，判断公司到底是否适合实行末位淘汰激励。

（1）公司发展的规模。末位淘汰的假设前提是公司员工的素质和表现符合正态分布，即大多数人表现是中等，表现很好和表现不好的人都是少数。因此，一般来说，大公司比小公司更适合使用末位淘汰激励，因为大公司的人数更多，更符合正态分布的假设，而小公司由于更多地追求成本效益，因此可能每位员工表现都是好的，不存在表现不好的员工，此外，小公司更易于管理，人员流动性也更弱。

（2）公司所处的发展阶段。在公司创立之初，管理上比较混乱时，比较适合采用末位淘汰激励方法，可以为公司快速筛选出不适合公司发展，不能为公司创造效益的员工，从而公司可以更好地招聘为公司创造价值的员工。

（3）企业所在行业的竞争程度。末位淘汰激励更适合竞争性行业所属公司，这类行业所属公司面临的竞争一般也较大，因此公司变革的动力也更强，对员工的能力要求就越高，而垄断性行业所属公司往往缺乏竞争压力和变革的动力，因此也不适合采用末位淘汰。

第8章

MANAGER MUST LEARN

股权激励:
将公司和员工捆绑在一起

股权激励是一种新兴的员工激励方式,它是一项长期激励措施,通过给予激励对象部分股权的方式将员工和公司结成利益共同体,实现公司的长期激励目标。

中小公司的股权激励

随着股权激励制度的不断发展完善，其应用范围也不断扩大，逐渐成为中小型公司所青睐的激励方式。因此公司管理者有必要了解这一新兴的员工激励模式。

对于股权激励你不得不了解的内容

要在公司内部实行股权激励，首先要了解股权激励到底有哪些模式，这有助于公司管理者为公司选择适合的激励模式。常见的股权激励模式主要有 3 种。

1. 虚拟股份激励模式

虚拟股份激励模式是通过发行虚拟股份实施股权激励，公司发行的虚拟股份一般只享有分红权，不享有其他权利，虚拟股份的发放不会影响公司的总资本和股本结构。因此，虚拟股份的股权激励只涉及分红权，而不涉及公司股权结构的实质性变化。常见的虚拟股份激励模式类型有虚拟股票激励和股票期权激励模式等。

2. 实际股份激励模式

实际股份激励模式是通过发行实质的股票实施股权激励，发行的每一份股份都是公司一定资本的代表，股份不仅具有分红权，还具有投票权和知情权等权利，股份的发放会涉及公司股权结构的实质性变化，会使得公司的治理结构更加完善。常见的实际股份激励模式类型有员工持股计划（ESOP）和管理层融资收购（MBO）模式等。

3. 虚实结合的股份激励模式

虚实结合的股份激励模式是将以上两种激励模式结合起来，在一定期限内实施虚拟股票激励模式，到期后再按实股激励模式将相应虚拟股票转为应认购的实际股票。常见的虚实结合的股份激励模式类型有管理者期股模式和限制性股票计划模式等。

适合中小公司的股权激励方式

常见的股权激励模式有 3 个大类，每个大类下面又细分不同的具体激励方式。中小公司管理者要从中选择适合自身的激励类型，具体可参考表 8-1 的内容。

表 8-1　适合中小公司的股权激励方式

激励方式	概述	优点	缺点
干股	干股是指被激励对象不通过实际出资就能得到公司一定比例的股票。这是中小公司最常用的股权激励方式，持有干股的被激励对象不对公司拥有控制权，在进行干股激励时公司管理者一般会与被激励对象签订干股协议	1. 实施程序和方案简单； 2. 短期和中期激励效果好； 3. 激励对象没有控制权，因此公司管理者不会因为激励而丧失公司所有权	过于看重短期利益，可能使公司长期利益受损

续上表

激励方式	概述	优点	缺点
员工持股计划	员工持股计划是指被激励员工通过购买公司股票而拥有公司的部分产权，是员工所有权的一种实现形式，通过员工持股计划，被激励对象不仅拥有公司未来收益分享权，还拥有公司的所有权，员工持股计划的实施对象也就是公司的股东。它是一种长期激励方式	1. 将公司利益与员工完全捆绑在一起，激励效果好；2. 被激励对象拥有公司所有权，可以减少员工和管理层的矛盾	1. 与员工业绩相关性不强；2. 激励对象过多导致公司股权过于分散；3. 操作上缺少相关法律法规和政策的指导
虚拟股票	虚拟股票是指通过授予激励对象一种"虚拟"股票，使其可以享受分红权和股价升值权的激励方式，被激励对象享有的虚拟股票没有表决权和所有权，不能转让和出售，随着被激励对象离开公司自动失效	1. 实施简单；2. 不影响公司的股权结构和总资产	1. 是奖金的延期给付，激励效果不十分明显；2. 现金流压力大；3. 价格确定难度大
限制性股票计划	限制性股票计划是指公司授予激励对象一定数量的公司股票，并对股票的获得和售出设置一定的条件，获得激励的员工只有在工作年限或业绩目标符合股权激励计划规定条件时，才可出售限制性股票并从中获益	1. 被激励员工通常不需用现金购买；2. 可以对被激励对象起到较好的激励作用，使其将更多的时间和精力投入工作	1. 股票的科学合理定价较难；2. 公司现金流压力较大

　　以上 4 种适合中小公司的股权激励方式中，最常用和最普遍的是前两种，即干股和员工持股计划，这两种方式实施起来也比较简单。以上几种方法各有优劣，公司管理者可根据实际情况进行激励方式的选择，通常情况下，一个公司内部的股权激励方式不宜过多，1～2 种即可。

股权激励在公司中的具体使用

公司管理者需要知道，股权激励并不是在决定实施之后马上就可以开展的，它需要前期各项准备工作，各项细节的具体落实，甚至在实施之后也还需要根据实际作出一些修正。

确定实施股权激励需要达到的目标

股权激励的目的都是为了激发员工的积极性，但不同的股权激励方式在激励效果上会有所差别，因此，公司管理者在决定具体的股权激励方式前首先要明确想要通过激励达到什么样的目的。

1.提高公司业绩

对于公司员工来说，股权激励是动力，也是压力，这种动力和压力可以促使员工对公司更加尽心尽责，自觉地提高工作水平和效率，并减少短视行为，以提高企业的业绩。具体来说，又表现在两个方面。

（1）有利于提高员工工作效率。股权激励会给员工带来预期收益或损失的导向作用，在这种导向作用下，员工为了获取更高收益或避免损失就会更加积极工作，员工的积极性和责任心得到大大提高，因此公司业绩也会提高，随之股权激励员工的收益也会提高，公司由此进入一种良性循环，整体生产效率得到提高。

（2）有利于减少短视行为。股权激励的结果是员工成为公司股东，个人利益与公司利益休戚与共，员工的责任心由此增强，被激励对象的激励福利越高，个人利益与公司利益的相关性也越强，对公司长远发展也就越关心，相应地会减少过于注重当前利益的短视行为。

公司管理者要想提高公司业绩，就要将员工个人利益与公司利益充分绑定，即不仅要让员工拥有收益分享权，还要让员工拥有公司的所有权。因此，基于提高业绩的目的，公司管理者选择员工持股计划和限制性股票计划的激励方式效果较好。

2. 回报和激励老员工

老员工是大多数公司发展的中坚力量，他们因为掌握丰富的经验和熟练的技能，往往能给公司带来很大贡献，但老员工随着在公司工作的时间越来越长，工作积极性也会越来越低，简单的加薪或提高奖金的激励方式对老员工的效果也不再明显，对此，公司管理者就要考虑对其采用股权激励方式。对于以激励老员工为目的的股权激励，干股、限制性股票、员工持股计划和虚拟股票方式均适用，公司管理者可根据公司实际情况与每种激励方式对公司各项资源的要求以及本身的优劣选择最适合的激励方式。

3. 降低公司成本压力

公司的现金流是公司运营的保证和血液，因此，有的公司会为了降低公司成本，减轻现金流压力而实施股权激励，通过股权激励的方式增加公司的现金流。因此，若是基于此种目的，那就要求公司管理者选择的股权激励方式是需要被激励对象实际付出现金，公司可以从股权激励中实际获取现金的，因此，员工持股计划的激励方式比较适合。

4. 留住和吸引人才

高薪和高奖金对于留住和吸引人才会有一定作用，但它不一定能真正留住员工的心，相反，股权激励就能做到既留住员工的人，又留住员工的心。对于留住员工来说，采用虚拟股票和限制性股票计划的方式效果更好，因为这两种方式都是在员工离开公司后自动失效，既能给员工激励，也能给员工约束。对于吸引人才来说，公司管理者采用干股、限制性股票、员工持股计划和虚拟股票 4 种方式均可。

5. 稀释股权、分散权力

通过股权激励，还可以达到稀释股权和分散权力的目的。这可以使公司的权力更多地分散到其他员工当中，更好地促进公司发展，因此，采用员工持股计划的激励方式能让员工实际拥有公司的所有权，达到稀释权力的目的。

确定拟进行股权激励的额度

股权激励的额度即股权激励的数量。激励额度不仅包括总额度，还包括对于单个员工的额度，公司管理者在考虑时需要根据不同影响要素分别进行考虑。具体来说有如表 8-2 和表 8-3 所示的影响要素。

表 8-2　股权激励总额度的影响要素

影响要素	要素说明
法律的强制性规定	非上市中小公司的股权激励总额度没有强制性规定，可酌情决定；上市公司的股权激励总额度不得超过公司总股本的 10%

续上表

影响要素	要素说明
公司的整体薪酬和福利安排	股权激励的收益是激励对象薪酬的一部分，因此在考虑激励额度时应考虑员工的薪酬和福利安排。若公司的工资和福利待遇较好，则激励额度可低一些，若待遇较差，则激励额度可以高一些
预期实现的业绩目标	公司的预期业绩目标定得越高，目标实现后被激励对象的收益就越大，若行权条件比业绩目标高，公司就会因被激励对象行权而获得较大利益，因此可以将激励额度设置得较高
竞争对手激励水平	公司在确定激励额度时还要考虑到竞争对手的情况，若激励力度小于竞争对手，那么就不能有效留住优秀人才，可能造成较大的人才流失
公司规模和净资产状况	公司规模越小，用于股权激励的额度可以越大，可以将35%以上的股份用于股权激励；对于规模较大的公司，因为公司股本较大，因此可以降低激励额度，可以将20%的股份用于激励。此外，因为股权激励可以带来现金流，因此若公司净资产较少，则可提高激励的额度；净资产较多，则可降低激励额度
拟实施激励对象人数	为了保证激励的力度和效果，若激励对象较多，则可提高激励额度，对象较少，则可降低激励额度

表 8-3　股权激励单个额度的影响要素

影响要素	要素说明
法律的强制性规定	非上市中小公司股权激励的单个额度没有强制性规定；上市公司股权激励的单个额度不得超过总股本的1%
激励对象的不可替代性	不可替代性越强，该激励对象的股权激励份额应越多，反之则应越少
激励对象的职位	一般来说，职位越高，能力越强，对公司也越重要，因此获得的激励份额也应越多，反之则越少
激励对象的业绩表现	激励对象的业绩越好，对公司的贡献越高，获得的股权激励份额也应越多，反之则越少

续上表

影响要素	要素说明
激励对象的工作年限	工作年限较长的员工，对公司的忠诚度和贡献也较高，应适当增加其股权激励的份额
兼顾公平和效率	坚持公平原则，公司高管所占的激励额度不应过高。此外，额度分配要坚持效率原则，具体额度确定应以员工的业绩贡献和对公司的重要性作为主要参考要素。
激励对象的薪酬情况	激励对象的薪酬是与其能力相适应的，因此股权激励额度也应与员工的薪酬相适应。薪酬水平高的员工的激励额度也应较高，反之则越低

确定股权激励的价格

股权激励价格是确定激励力度的关键因素，股权激励价格即行权价格，是公司与激励对象约定的，购买公司股票的价格。不同的定价方法下行权价格会有所差异，对于非上市的中小公司来说，主要的股权激励定价方法有以下两种。

1. 每股净资产定价法

每股净资产定价法比较简单，在此种定价方式下，股权激励的行权价格完全由公司股票的每股净资产决定。每股净资产是股东权益和股本总额的比率，是公司股东实际拥有的权益，其计算方式如下。

每股净资产 =（总资产 - 总负债）/ 总股本

若某公司的总资产为 1000 万元，总负债为 100 万元，总股本为 600 万股，则其每股净资产为 1.5 元，那么股权激励的行权价也就为 1.5 元。这种定价方法算法简单，实施容易，可以节约大量的人力、物力和财力，公司管理者可以将其作为定价的主要方法。

2. 现金流量折现定价法

现金流量折现是指通过对公司未来现金流和风险进行预期，并选择恰当的折现率，将公司未来的现金流量折合成现值。运用此种方法有两个关键影响要素，一是对于未来现金流和风险的准确预期；二是合理折现率的确定。该方法下行权价格的计算方式如下。

行权价格＝公司未来现金流 × 折现率

公司未来现金流＝营业净收入 × （1- 所得税税率）- 对外投资

折现率＝公司股东对投资要求的最低收益率 × （公司动用的自有资金量 / 公司的市场总价值）+ 公司的债务利率（1- 兼并后公司的边际税率）× 公司对外负债总额 / 公司的市场总价值

该种方法下折现率的确定较为困难，涉及的因素众多，折现率的确定需要专业的财务知识以及对行业前景作出准确的判断，公司管理者可能需要寻找专业的机构帮忙。

确定股权激励的实施时间

股权激励实施的时间，由公司所处不同发展阶段决定。不是任何发展时期都适合做股权激励，一般来说，有三大发展阶段最适宜进行股权激励。

1. 公司初创阶段

处于初创阶段的公司，在人力和资金方面都比较紧缺，而股权激励可以很好地解决这两个问题。一方面，通过股权激励，公司管理者可以借此吸引到合伙人，通过合伙人为公司带来增量资金；另一方面，还可以通过股权激励吸引优秀人才，填补初创时期的岗位空缺。通过股权激励带来的资金和人才的补充可以使公司尽快进入正常运转阶段。

2. 公司迅速发展阶段

在公司的迅速发展时期，最亟需的就是保证现有员工的稳定性并不断吸引外部人才的加入，此时实施股权激励，可以很好地实现这个目的。一方面，通过股权激励，可以增强老员工的忠诚度和积极性，减少人力资源的流动性；另一方面，股权激励可以吸引大量的外部优秀人才，使公司不断注入新鲜血液，同时满足因公司发展不断上升的人才需求。

3. 公司上市前阶段

上市意味着公司将产生质的变化，上市前公司需要全方位的准备，对人才的需求就更高，此时公司就可借助上市的噱头实施股权激励。上市前进行股权激励，上市后股价往往能得到大幅度的增长，员工也能享有较高的收益，因此没有员工会在公司上市前选择离职，对于外部优秀人才，也想在公司上市前通过股权激励获取股价上市后的增长收益。人才的吸引也同时能帮助公司更好地进行上市准备，加速公司的上市进程。

确定股权激励的实施对象

股权激励并非全员激励，因此，公司管理者在进行激励时应审慎考虑激励对象，正确选择激励对象可以有效放大激励效果。有以下 7

个要素会影响公司管理者对激励对象的选择，如图 8-1 所示。

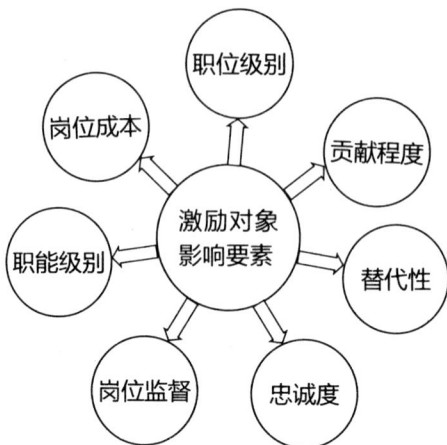

图 8-1

（1）职位级别。公司的职位级别一般分为核心高管、中层管理人员以及普通员工，股权激励的对象也应按这三类职位由上到下确定。

（2）贡献程度。主要是指员工的绩效贡献，对公司的历史发展贡献较多的员工理应被作为股权激励的优先考虑对象。

（3）岗位成本。指公司对于具体岗位人员投入的成本，一般来说，投入成本越大，岗位和员工的重要性就强，就应优先作为激励对象。

（4）职能级别。员工的职能级别从低到高可分为职工级、主管级、管理级、经营级和战略级，激励对象应根据以上级别由高到低进行考虑。

（5）替代性。指员工的可替代程度，难以被替代的员工，说明其有自身特殊的能力，是公司的重要人才，应作为激励对象的首要考虑。

（6）忠诚度。员工忠诚度越高，对公司的依赖性越强，积极性也就越高，忠诚度越高的员工往往在职时间越长，因此越需要激励。

（7）岗位监督。指岗位监督的难易程度，岗位越难被监督，越应该通过激励让员工对于岗位形成自我约束。

股权激励实施必要的约束条件

股权激励并不是实施之后就万事大吉了，有的员工在被实行股权激励之后会滋生一种"一次持股，终身享受"的想法，变得比实施激励前更难管理，因此，股权激励需要设置一定的约束条件。

1. 设置股权流动机制

所谓股权流动机制就是指让股权激励的对象和数量都流动起来，主要是以"以岗定股、股随岗走"为原则，建立相应的机制，对员工持有、增减和退出股权激励的条件、时间和价格等做出一系列约定，明确规定员工在什么情况下必须减少甚至退出原有股份，什么情况下可以增加原有股份。不仅把股权激励与员工在激励前的表现结合起来，还要与员工在被激励后的表现也结合起来，对员工进行持续的约束。

2. 将绩效考核与股权激励结合起来

将绩效考核应用于股权激励，主要是根据员工的绩效考核结果对其作出进入或退出，增加或减少股权激励的决定。比如某员工持有公司 4% 的股权，可事先约定，若当年绩效考核结果为不合格，则必须退出 1% 的股权，价格按购买时的原价计算；若连续两年绩效考核不合格，则必须退出 3% 的股份，价格按购买时的原价计算，若连续三年绩效考核不合格，所持股份必须全部退出，价格按购买时的原价计算。

通过以上方法的实施，可以给员工增加持续的压力，即使持有股份，也随时有被减少或取消激励权利的风险，这样在对员工进行长期激励的同时也能达到长期约束的目的，使股权激励更好地发挥作用。

3. 股权激励计划的修正

股权激励不是一劳永逸的，激励计划也不是一成不变的，需要根据实际情况的变化进行要素的调整。一般来说，股权激励计划进行修正的最重要原因是激励额度和行权价格的调整。针对不同的情况，以上两个要素有不同的调整方式，具体如表8-4和表8-5所示。

表8-4　股权激励额度的调整

调整原因	调整方式
公司发展阶段的变化	一般来说，初创期股权激励额度最高为总股本的1/3；发展期额度最高为总股本的1/2；扩张期额度最高为总股本的2/3
预期业绩目标提高	按业绩提高比例进行股权激励额度的调高
公司规模增长	按公司规模增长比例进行股权激励额度的调低
股权激励对象人数增加	按激励对象增加人数比例进行股权激励额度的调高

表8-5　股权激励行权价格的调整

调整原因	调整方式
公司资产或负债变动	调整后的行权价格 =（调整后公司总资产 - 调整后公司总负债）/ 调整后公司总股本
公司进行派息	调整后的行权价格 = 原行权价格 - 派息金额
公司进行增发股票	调整后的行权价格 = 原行权价格 /（1+ 增发股票份额）

在对以上两个要素进行调整之后，就要对股权激励计划中涉及以上两个要素的相关条件进行相应调整，形成新的股权激励计划并在公司范围内实行。

股权激励中不能踩的雷区

与其他激励方式一样，股权激励也存在一些陷阱，若公司管理者不能事先对股权激励的陷阱类型进行了解和把握，就很有可能踩中雷区，使激励适得其反。

激励不当导致的权利丢失风险

由本章第一节的内容可知，有的股权激励方式会直接影响公司的所有权和控制权，比如员工持股计划。此时，如果对股权激励额度把握不当，那么很有可能导致公司的所有权和控制权旁落。因此，在进行激励时，为了保证公司管理者对公司的绝对控制，需要注意不同时期的股权激励比例。

◆ **初创期：** 股权激励的数量比例最好小于公司股份总额的 1/3，此时，公司管理者会拥有 2/3 以上的股份，即可对公司实现完全控制。

◆ **发展期：** 公司进入发展期，需要的人才和资源也更多，股权激励的力度应大于初创期的激励力度，此时公司管理者可将激励额度定为大于公司股份总额度的1/3且小于股份总额度的1/2，这样既加大了激励的力度，又能保证管理者对公司的控制权。

◆ **扩张期：**处于扩张期的公司，业务和市场占有率都需要快速增长，此时所需的资源更多，相应对股权激励力度的要求就更大。在这个阶段，公司管理者可将股权激励的额度提升至股份总数的2/3以内，使自身拥有公司1/3以上的股权，且不能给予任何激励对象1/3以上的股权激励，以保证管理者仍是公司内部单个人中持有公司份额最大的，保证其对公司的相对控制。

通过人为有意识地控制股权激励额度，就可以有效地从源头上保证公司管理者对公司的绝对控制，但需要注意的是，由于扩张期时管理者的股份尚未达到绝对控制比例，对公司的控制只是相对控制，因此应特别注意公司的各股东持有份额变动，防止某一股东份额大于1/3的情况出现，影响其对公司的控制权。

股东纠纷对股权激励产生的负效应

股权激励一旦实施，就使公司的利益与激励对象的利益完全相关，随着公司发展壮大，效益越来越好，激励对象之间的矛盾也会随之产生。

股权激励随着激励力度的不断提高，激励对象会不断扩大，公司股东人数会增加，股权也会不断稀释，这就使得股东之间的关系也越来越复杂，逐渐出现一些由于股东之间的纠纷影响股东和公司利益的情况。这主要表现在不公平的关联交易和抵押担保等方面。

1. 不公平的关联交易

指公司股东利用其在公司的权利，通过关联交易将公司利益输送到自己或与自己有密切关系的人员手中。对此，公司管理者可在公司章程中对关联交易进行约定，禁止公司股东或利益相关者以任何形式向自己或他人输送公司利益，违反章程的，公司可以追究责任人的经济和法律责任。

2. 抵押担保

一般是指股权激励对象将拥有的公司股份进行对外抵押担保，用抵押担保换取的资金为自己或他人进行债务的偿还。抵押担保存在很大的风险，若抵押人不能按时偿还抵押担保所获取的资金及利息，那么其抵押的股份就有被随时处置的风险，这对公司的股本结构以及经营安全来说是重大的隐患。

对此，公司管理者可以在进行股权激励前与被激励对象进行约定，对激励股份实施一定的限制，比如直接限制被激励股份不能用于任何形式的抵押担保；或者对用作激励的股份设置一定的锁定期，在锁定期内激励对象只能持有股份，不能将股份用于其他任何用途。

要想尽量避免股东之间的利益损害给股权激励和公司带来不利影响，公司管理者就要对可能存在的风险事项在实施股权激励前进行预防和控制，对于中小公司来说，利用公司章程对有关事项进行明确限制是主要的控制方法。

股权激励可能存在的法律风险

股权激励是专业性比较强的激励方式，也会直接涉及激励对象和公司的利益，因此在实施过程中要特别注意避免一些可能导致法律风险的事件出现。要想避免法律风险，可以从以下几方面入手。

（1）签订股权激励合同。公司实施股权激励时应签订具体的股权激励合同，就激励条件、激励对象、行权价格以及约束条件等进行明确约定，并对激励对象持有股份的具体数额、占公司股本的比例以及对应的权利作出明确说明，且股权激励合同应与激励对象的劳动合同相分离。

（2）不应对退出激励计划的员工收取任何违约金。我国《劳动合同法》规定，存在以下两种情况之一时，公司可向员工收取违约金：一是用人单位为劳动者提供费用进行专业技术培训并约定服务期限，如果劳动者违反服务期约定，应当按照约定向用人单位支付违约金，违约金的数额不得超过用人单位所支付的培训费用；二是如果劳动者违反与用人单位达成的竞业限制约定，应当按照约定向用人单位支付违约金。因此，若公司在实行股权激励时向员工约定退出时会收取违约金，这样的约定是失效的，不会受到法律的支持。

（3）创始股东应履行出资义务。公司的创始人应在实施股权激励前履行对公司的实际出资义务，若创始人未按期履行出资义务，那么在实施股权激励后，若授予的是实股，激励对象就成为了公司股东，此时激励对象可以创始股东未缴足出资为由，向创始股东主张违约责任。因此公司创始人应在实施股权激励前完成对公司的实际出资。

激励方案不合理可能产生反向激励

股权激励方案不合理，可能有两个方面的原因，一是方案要素不全面；二是各要素本身不合理。方案中任何不合理因素都会影响方案的实施效果，因此针对每个不合理原因，需要针对性地进行解决。

1. 股权激励方案要素不全面

一般来说，一个完整的股权激励方案必须包括以下几个要素：股份分配、股份与资金来源、激励目的、激励模式、激励对象与考核和股份管理。

（1）股份分配。即股权激励额度，是指将以公司总股本的多少用于股权激励，以及总额度在每个激励对象之间的分配。

（2）股份与资金来源。股份来源是指用于股权激励的股份来源，是公司的原始股份还是增发股份；资金来源是指激励对象用于购买激励股权的资金是自有资金、公司出借资金还是外借资金或其他资金。

（3）激励目的。即公司管理者想要通过股权激励达到的公司业绩或经营目标，一般是中长期目标。

（4）激励模式。即具体的激励方式，是干股股权激励，还是员工持股计划，或是其他的激励方式。

（5）激励对象与考核。即达到什么条件的员工可以作为激励对象。

（6）行权价格。即激励对象可以以什么样的具体价格购买用于股权激励公司股份。

（7）股份管理。对公司股份的后续管理，包括转让、出售、分红以及增加份额等有关股份所有事项的约定。

2. 股权激励方案要素本身不合理

要素本身不合理有两类原因，一是定量因素的比例或数量不合理；二是定性要素的内容不合理。常见的不合理要素有以下几个。

（1）股份分配不合理。若是额度确立是不合理，则可按照本章第

2 节中第 2 小节的内容进行额度的确定和设置，若是因为影响额度的因素变化而没有对额度及时进行调整导致额度不合理，可以参照本章第 2 节 "股权激励在公司中的具体使用" 中的内容进行相应调整。

（2）激励模式不合理。这主要是指选择的激励方式和公司的实际情况以及想要达到的目标不相符合，如若公司想要激励效果最大化，那么采用员工持股计划比较合适。具体内容可参考本章第 1 节 "中小公司的股权激励" 中的内容。

（3）激励对象和考核不合理。这主要表现在激励对象和考核不一致，或关联性不强。对此，公司管理者应严格秉承将绩效考核与股权激励一一对应起来，对每一个激励对象的激励力度和绩效考核结果联系起来，给予激励对象明确的约束。

（4）行权价格不合理。与激励额度不合理类似，也有两种可能，一种是在行权价格初期设定时不合理，另一种是没有对行权价格进行及时调整，导致价格不再符合实际。对于以上两种原因，公司管理者可参考本章第 2 节 "股权激励在公司中的具体使用" 中的内容进行处理，这里不再赘述。

股权激励方案不仅在最初制定时需要公司管理者协同公司内部管理层共同商议，审核决定各要素内容，还应注意在各要素涉及的内容发生变动时及时对要素内容进行调整，以保证要素的时效性和合理性。

第9章

MANAGER MUST LEARN

软性激励:
重视感性的力量

前面所述内容更多是教公司管理者如何从物质的角度来对员工进行激励,是偏理性的。但有时感性激励的作用可能比理性来得更直接和长效。

沟通激励，让沟通成为习惯

最聪明的管理者不一定是优秀的管理者，但优秀的公司管理者一定是卓越的沟通者。上下级之间良好沟通的效用往往比平级之间的沟通更大，激励效果也更好。

沟通的力量，"通"是目的

沟通是管理者与员工之间相互了解的桥梁，沟通是形式，而通是目的。良好的沟通可以让公司管理者更接地气，更了解员工的想法并由此做出更合民意的决策，同时可以让员工更理解并执行管理者的决策。

因为员工与上级之间的沟通主动性往往较弱，因此这里所讲的沟通，主要是指公司管理者和管理层主动与员工进行的沟通。要想达到"通"的目的，需要了解一些沟通的禁忌。

1. 摆领导架子

这是公司管理者和各级领导与下级员工沟通最易出现的问题，领导平时习惯了对员工树立威严和发号施令，因此，在沟通中往往很难忘记自己领导的身份与员工进行平等的沟通，这样会使员工无法真正敞开心胸，沟通效果往往不佳。对此，公司管理者和领导在与员工沟通之前可以做好心理暗示和身份预设，把与员工的沟通当成是普通同事之间的相互交流，对员工使用轻松的语气和用词，拉近与员工的距离。

2. 滔滔不绝，不给员工说话机会

管理者需要知道，与员工之间的沟通不是工作汇报，也不是对员工的工作点评，而是双方就工作甚至生活上的一些事项和想法进行交流，了解对方思想和听取意见的过程。因此，这就要求沟通中需要言语间的互相交流，而不是一个人说，另一个人听。

管理者在沟通中一味滔滔不绝地向员工灌输自己的想法，会让员工觉得这不是沟通，而是开会中的领导讲话。为了避免这一情况，管理者在沟通中应随时照顾员工的情绪，适时将问题抛给员工，比如在说完自己的想法后可以询问员工"对于这个问题你的想法是什么"，这样就可以使沟通双方互动起来，产生真正的交流。

3. 全盘否定员工想法

这也是管理者与下属沟通中经常出现的问题，对于员工的一些想法，习惯性地全盘否定。这会极大地打击员工的自信心，使员工不敢再轻易向领导袒露真实想法。

为了避免出现这种情况，在沟通过程中，对员工提出的每一个想法和建议，管理者或领导都应仔细聆听并思考，合理的，应及时采纳，不合理的，应首先肯定员工积极思考的行为，再向员工解释清楚其想法或建议中不合理的地方在哪里，这样即使员工的想法被否定，也不会打击员工的自信心，反而可以帮助员工更全面有效地思考。这样才能做到真正的沟通，也才能保证沟通的有效性。

建立沟通机制，让沟通更加顺畅

习惯可以引起改变，要最大限度地发挥沟通激励的效果，需要将沟通变成习惯，而将沟通变成习惯最直接的方式，就是建立沟通机制。一个完善的沟通机制需要几个必备要素。

1. 沟通渠道

沟通渠道是指通过对沟通信息流向的划分，将沟通分为不同的层级。主要有以下 3 个渠道。

◆ **向上沟通**：指下级与上级之间的沟通，是下级员工将信息反馈至上级领导的过程。这是最缺乏的一个沟通渠道，往往被公司管理者忽略。

◆ **向下沟通**：指上级与下级之间的沟通，是上级领导将信息传递至下级员工的过程。这是最常见且使用最广泛的沟通形式。

◆ **水平沟通**：指同级之间的沟通，包括同级部门之间的沟通和同级员工之间的沟通。

2. 沟通形式

沟通方式就是指沟通双方具体使用什么方式进行沟通，最常见的沟通方式有 3 种。

（1）会议沟通。是指通过召开统一会议的方式进行沟通，这是最重要的一种沟通形式。比如周例会、座谈会和交流会。周例会是部门之间沟通的主要形式，一般既包括向上沟通，也包括向下沟通；座谈会和交流会既可以针对水平沟通，又可以针对向下沟通。

（2）谈话沟通。这是一种一对一的沟通方式，往往效果也比较好，它主要用于向下沟通。谈话沟通相对会议沟通更轻松，也更有针对性，可以拉近沟通双方的距离。上级往往在沟通过程中起着主导作用，下级更多地处于被动局面，因此，上级应注意把握沟通的节奏，在向下沟通中适时穿插向上沟通的内容，让员工可以就自身想法和意见向上级反馈。

（3）工具沟通。指通过各种沟通工具进行的非面对面沟通形式。常见的沟通工具有公司电话、内部邮箱、意见箱、内部群组、论坛以及意见征集表等。公司管理者应注意沟通工具的多样化，并鼓励员工充分利用工具向上级反馈想法和意见，同时要保证上级处理反馈意见的时效性，若对于反馈意见不能及时处理，则会打击员工积极性，破坏沟通氛围的形成。

3. 保证沟通效果的保障措施

沟通的关键在于沟通双方，因此要使沟通达到较好的效果，就需要从沟通双方入手，激发其对沟通的积极性，主要可以从 3 个方面进行。

（1）加强管理层和员工培训。这里的培训主要指的是沟通知识的培训，公司管理者应特别注意将部门经理作为培训的重点，部门经理是管理者和员工之间的桥梁，其对沟通重要性的正确认识以及对沟通技巧的把握不仅可以使部门间的沟通更顺畅和有效，促进部门工作的顺利进行，还可以通过与员工的沟通，将自己的想法和员工的意见更好地向公司管理者反映，让管理者更了解员工，使公司各级职位之间可以互通想法。

（2）建立制度保障。这主要是针对向上沟通而言的，因为这往往是公司最缺乏却是最重要的沟通渠道。对于上级领导来说，只有了解下级员工的想法才能作出正确的决策，但员工往往缺少向上级领导反馈自己想法和建议的机会，这是公司内部相关制度缺失导致的。因此，公司管理者应在内部建立向上沟通的保障制度，明确员工向上沟通的形式，完善沟通渠道。例如，公司管理者可以通过建立在公司或部门内定期召开意见征求会议制度、上级领导定期下基层制度以及员工不定时向上级领导反馈意见制度作为公司内部向上沟通的制度保障。

（3）运用奖励机制。指对及时进行向上沟通，积极向上级领导反馈建议，并最终得到采纳的员工进行奖励，奖励可包括物质和精神两个方面。这既是对员工建议合理性的肯定，也可以激励其他员工积极参与到向上沟通中来，为公司发展不断献言献策，形成内部沟通的良性循环机制。但公司管理者需要注意的是，采纳的员工建议应是合理化建议，对优化工作方法、提高业务或改善内部体系有实际作用。

重视非正式沟通，环境对沟通很重要

非正式沟通是指无组织计划且不限形式的沟通方式，它是正式沟通的有效补充，传递正式沟通无法传递的信息，使管理者和部门经理了解在正式场合无法获取的重要情况，了解员工私下的真实想法。

非正式沟通是不需要事先计划的，有很大的随意性，内容多少及时间长短也都没有限制，它形式比较多样，包括非正式的会议、闲聊、便签、走动式交谈和吃饭时进行的交谈等。由于非正式沟通具有不拘形式和快速直接的优点，因此被很多管理者运用，美国著名企业管理者杰克韦尔奇就曾将非正式沟通熟练运用于对于通用公司的管理中。

杰克·韦尔奇是美国著名企业通用公司的前总裁，被赋予"世界

第一 CEO"的美称，在任期间，他创造了很多独特的管理方法，其中最有代表性的一种非正式沟通方法就是"便条式沟通"。在韦尔奇在任期间，他每天都会亲自给公司的各级主管、普通员工甚至员工家属写便条。便条的内容很广泛，有时是征求各级主管和员工对公司决策的意见，有时是向各级主管了解公司业务的发展情况，有时是询问对方当前在工作中的困惑，有时就仅仅单纯地对对方表示关心。

通过这种方式，员工极大地感受到了管理者和企业的温暖，管理者和员工之间的关系由公司领导和被领导的关系升华到平等的朋友关系，这种方法最终起到了很好的作用。随着便条作用的凸显，韦尔奇更加重视这种沟通方式，更加明白自己的只言片语对员工的影响力，因此他将这种便条沟通坚持了 20 年，直到离开通用公司，最终"韦尔奇便条"便成为通用公司非正式沟通的代表，为公司内部打通了非正式沟通的道路，为员工和领导之间连接了一条"通心路"。

后来，韦尔奇向公司员工发表演说时指出："我们已经通过学习明白了'沟通'的本质。它不像这场演讲或录音谈话，它也不是一种报纸。真正的沟通是一种态度和环境，需要无数的直接沟通。它需要更多的倾听而不是侃侃而谈。它是一种持续的互动过程，目的在于创造共识。"

从这个案例可以看出，管理者与员工之间的沟通效果是极大的，管理者和员工之间一段随意的或短暂的对话远比在企业内部刊物上刊登大段文章来得更有价值。

非正式沟通打破了领导与下属之间发布命令的链条，促进了不同领导层级之间的沟通交流，让员工觉得自己是在为一个人人都相知甚深的管理者工作，而不是为了看不见摸不着的公司而工作。

情感激励，情感是最好的激励方式之一

再理性的员工，也会有感性的一面。如果公司管理者能够挖掘员工的感性力量，往往可以使其更积极努力为工作而奋斗。而感性力量的挖掘往往需要情感的投入。

以人为本，以人为重

公司管理者需要明确一个观念，那就是对于公司来说，最重要的资源是人才，也就是公司的每一位员工。因此，激励员工，首先就要肯定员工对公司发展的作用，重视每一位员工。

以人为本即以员工为本，就是指公司管理者在公司管理过程中，应以员工为中心和出发点，作出的一切决策都应以激发和调动员工的主动性、积极性和创造性为目的，并在此基础上实现员工和公司的共同发展。要想做到这一点，就要懂得知人善任，具体来说公司管理者可以从以下几个方面入手。

1. 尊重员工

尊重员工包括为员工建立公正、公平和公开的福利制度，提供良好的工作环境、耐心听取员工意见以及及时肯定员工工作成绩等。

著名的惠普之道的理念基础就是：相信公司的每位员工都有做好工作的愿望和能力，只要公司能给员工提供良好的工作环境，解决员工的后顾之忧，员工一定会在工作岗位上全力以赴。然后基于这个理念，惠普建立了自己独特的企业文化，在其五大核心价值观里面，第一条就是"我们相信与尊重员工"。因此，公司管理者也可以效仿这种做法，将尊重员工的理念彻底贯彻到公司文化当中，并在公司制度中体现。

2. 信任员工

管理者对于员工的信任，既是对员工能力和人品的肯定，也会无形之中给予员工适当的动力和压力，促使员工更加努力地完成工作。管理者对员工的信任不应停留在表面，而应表现在对公司和员工的日常管理中，让员工于细微处感受到公司和管理者的信任。

比如，惠普公司对于各实验室的备件库从来不上锁，工程师可以随意取用备件，甚至可以将原件带回家使用，因为惠普公司管理者充分信任员工，他认为无论工程师利用原件的目的是否与其从事的项目有关，都能通过具体的使用学习到一些东西，而学到的新知识最终都将会应用到工作中，并且有利于公司的产品创新。这种做法就是把信任员工做到了实处。

3. 理解员工

理解的前提是要换位思考，从对方的角度思考问题，这样才能做到真正的理解。但是很多公司管理者对于从公司离职的员工往往有很多怨怼，认为员工对公司不忠诚，甚至在离职手续上刻意为难员工。

其实，对于离职员工，公司管理者和人力资源部应首先了解员工离职的真实原因，是对公司不满意还是员工自身的原因。若是公司方面的原因，其原因所述问题确实存在且需要改善的，人力资源部应进行核实，公司管理者应安排人员进行改善处理，这种情况下不仅可以完善公司内部机制，还可以为公司挽留优秀人才；若员工是基于自身原因离职，那么公司也应表示理解，不应刻意为难，这样可以给员工留下比较好的公司印象，离开的员工有可能还会回到公司。

关注和挖掘员工内心和家庭需求

每位员工工作的最终目的都是为了获取更多的收入，但随着员工工作时间的积累和某些需求的满足，不同员工之间的需求会形成差异，准确地把握这种差异，可以帮助公司管理者更有针对性地进行员工激励。

把握员工的需求差异，首先就要准确了解每位员工的真正需求，每位员工的需求主要有两个大的方面，一是对工作和公司方面的需求；二是对家庭的需求。针对这两方面的需求，需要用不同的方式了解。

员工对工作和公司的需求，是员工需求了解的重点。员工需求了解需要在公司全体员工中进行，范围较广，采用谈话或会议的方式比较不现实，因此常常采用员工需求问卷调查的方式来进行。表9-1是某公司员工需求调查表的样式。

表9-1 员工需求调查问卷

问题	得分					对你的重要程度				
对于所处岗位和职务是否有自豪感	1	2	3	4	5	1	2	3	4	5
从所处岗位是否能得到个人提高	1	2	3	4	5	1	2	3	4	5

续上表

问题	得分					对你的重要程度				
所处岗位是否有独立思考和行动的机会	1	2	3	4	5	1	2	3	4	5
所处岗位是否有稳定感	1	2	3	4	5	1	2	3	4	5
所处岗位是否能发挥自身的能力和潜力	1	2	3	4	5	1	2	3	4	5
所处岗位在公司外部是否受到尊重	1	2	3	4	5	1	2	3	4	5
在所处岗位上是否取得了有意义的成就	1	2	3	4	5	1	2	3	4	5
对分配给自己的任务是否有发言权	1	2	3	4	5	1	2	3	4	5
是否有参与决定自己工作方法和步骤的机会	1	2	3	4	5	1	2	3	4	5
所处岗位是否有实际的权力	1	2	3	4	5	1	2	3	4	5
对所处岗位的收入是否满意	1	2	3	4	5	1	2	3	4	5
岗位工作是否具有挑战性	1	2	3	4	5	1	2	3	4	5
岗位晋升是否公平合理	1	2	3	4	5	1	2	3	4	5
对所处岗位福利待遇是否满意	1	2	3	4	5	1	2	3	4	5
对岗位考核项目和内容是否满意	1	2	3	4	5	1	2	3	4	5
对岗位考核标准是否满意	1	2	3	4	5	1	2	3	4	5
上级对岗位工作的支持和关心程度	1	2	3	4	5	1	2	3	4	5
在工作中其他需要解决的问题										

对于员工的家庭需求调查，不能像工作需求这样流程化和格式化，因为员工之间的家庭差异比较大，而且太多隐私的问题不便于公开。

因此公司管理者在了解员工的家庭需求时，最主要的是通过员工入职时填写的个人信息表、与员工日常生活中的接触以及从其他员工处侧面了解等方式进行，针对员工的家庭需求，公司也无法像工作需求这样可以尽量满足，家庭需求的满足只是公司对于员工的额外福利，对此的成本投入和资源都比较有限。

实现自己人效应

所谓自己人效应，就是让员工把自己与公司归为同一类，把自己作为公司整体中的一部分。要实现自己人效应，公司管理者就要搞好与员工的关系，具体可以从以下几点入手。

（1）让员工感受到平等。这要求管理者不应太过高不可攀，如果管理者过于注重自己的威严，就容易给员工居高临下的感觉，也就无法缩短与员工之间的距离，无法取得员工的信任，更无法让员工把管理者当作自己人。因此，管理者应注意与员工的相处方式，面对重要的工作时，严肃的工作态度是不可避免的，但在工作之余可以与员工平等轻松地交流，这样可以减少距离感，只有在员工感觉到管理者是把自己当作自己人之后，员工才会把管理者当作自己人。

（2）对员工感兴趣。有调查显示，在5 000个电话中，"我"的出现频率是3 950次，这说明了人以自我为中心的意识，因此，人们总是想让别人对自己感兴趣的，公司员工也一样。要想实现自己人效应，就要求公司管理者表现出对员工的兴趣，并不断与员工进行沟通。

（3）给员工可信度。这就要求管理者做到言出必行，管理者对员工的言出必行主要体现在工资和奖金福利的及时发放、各项奖励政策的兑现以及对于其他应允事项的及时兑现等方面。员工对于管理者的信任度是实现自己人效应的前提，若员工对于管理者连最基本的信任都没有，那就更不要说把管理者当作自己人了。

总之，公司管理者要想实现自己人效应，让员工把自己和公司当作自己人，主要还是需要从自身出发，加强与员工的沟通交流，不断给员工信任感，减少与员工之间的距离，逐渐形成一种与员工之间平等轻松的交流模式。

尊重和信任激励：尊重是前提，信任是基础

互相尊重和信任是人与人交往最基本的要求，员工为公司的发展进步不断贡献自己的力量，因此公司管理者更加应该给予其足够的尊重和信任，否则无法很好地开展各项工作。

尊重每一位员工和他们的权利

管理中的尊重与社会道德范畴的尊重有较大区别，这里的尊重指的是员工通过从事的工作反映其个人价值，得到同事及领导的认同，使员工的个人价值从所从事的工作中反映出来。因此，公司管理者要做到尊重员工，就要使每个员工的工作都能充分反映其个人价值，具体做法如下。

（1）员工任命做到人尽其才。这就要求公司管理者对每一位员工的工作能力和素质都有充分了解，然后在此基础上为员工安排与其能力和素质相匹配的工作岗位。这是对员工能力和价值的承认，也是对员工的最大尊重。

（2）给员工一定的自由发挥空间。这要求公司管理者将员工视为合作伙伴而非下属，给员工足够的空间任其自由发挥，以实现员工的自我价值。尤其是对于知识型员工，要相信员工的目的不是朝九晚五，而是要创造绩效和干出成绩的，这也是对员工能力的尊重。

除了尊重员工本身之外，公司管理者还应尊重每位员工的各项合法权利，主要有以下几点。

◆ **按劳索酬的权利**：与公司签订劳动合同的所有员工，都有按事先约定的金额索取薪酬的权利，员工的薪酬应每月以货币形式发放，不得无故拖欠和克扣，金额标准不得低于国家规定的本地区本行业的最低工资标准。

◆ **女性和男性员工平等的工作权利**：公司的女性员工和男性员工在录用、晋升方面都应该平等，除国家规定的不适合妇女的工种或岗位外，在录取和晋升时都不得以性别为由拒绝女性员工的录用和晋升。

◆ **依法参加和组织工会的权利**：工会是维护员工利益的自发性组织，可以代表员工与管理者就薪酬、工作时限和工作条件等进行谈判和协商，公司员工有权组织和参加工会，每位员工都是工会的成员。

◆ **参与民主管理的权利**：公司员工有权参与公司的各项民主决策、民主管理和民主监督，该项权利可以由公司工会代为行使。

◆ **享受国家法定节假日、社会保险及福利的权利**：公司每位员工都依法享受国家的法定节假日的休假权，公司应给每位依法签订劳动合同的员工购买规定的社会保险，并发放规定的福利，如五险一金等。

给员工被重视的感觉

创办了卡耐基管理的安德鲁·卡耐基有一句管理名言："带走我的员工，把我的工厂留下，不久后工厂就会长满杂草；拿走我的工厂，把我的员工留下，不久后我们还会有个更好的工厂。"这句话充分说明了他对员工的重视，也说明了所有的公司管理者都应以这样的心态去重视公司的每一位员工。

重视员工，不仅要重视员工的现在，还应重视员工的未来发展，不仅要重视员工的能力培养，还要重视员工的能力挖掘，不仅要重视员工为公司所做的贡献，还应重视员工的健康，具体做法如下。

1. 重视员工的能力培养

每个人的潜力都是无限的，每位员工的能力也不是固定的，而是可以通过公司的培养，让好的更完美，让相对较差的变得更好。公司管理者要让员工觉得自己是被重视的，就一定要注重对员工的培养，这会让员工感受到公司的信任。对员工能力的培养不仅包括专业能力，还应包括表达能力和应变能力等多个方面。

专业能力方面的培养，公司管理者可以从内部密集且有针对性的业务技能培训入手，为员工提供长期、持续且有计划的培训；表达能力方面的培养，可以采取演讲的方式，将日常的员工工作汇报变为演讲形式，尽量让员工脱稿讲解，这样长此以往，员工的表达能力将会有很大提高。

应变能力的培养，可以从让员工处理一些客户投诉和其他突发状况着手，客户投诉和突发状况的处理需要极强的应变能力。初期，可以采取老带新的方式，让新员工从旁学习老员工的处理方式，一段时间后再让新员工自己处理，这样不仅新员工的应变能力会不断提高，还可以帮助他们为以后工作中的其他突发状况处理打下基础。

2. 丰富员工的能力展示平台

很多员工的能力，都不仅限于在工作岗位上表现出的样子，因此公司管理者对员工工作表现以外能力的挖掘十分重要，让员工的能力得到充分的展示。可以针对员工不同的能力挖掘为目的，在公司开展不同的活动，比如要挖掘员工的创新能力，可以通过开展内部员工创新大赛来进行；要挖掘员工的思考能力，就可以采用设定一个主题内容，然后在公司范围内征集员工想法和建议的形式。此外，公司管理者还可以设置"内部跳槽"制度，让有能力的员工可以自由选择工作岗位，让员工有更广阔的平台。

3. 重视员工的健康

员工的健康是努力工作的基础，管理者不仅要重视员工的生理健康，还应重视员工的心理健康，生理健康会直接影响员工的工作效率，而心理健康会直接影响员工的工作状态。对员工生理健康的重视，主要可以采用定期为员工组织身体检查的方法；对员工心理健康的重视，可以采取在公司内部指定心理咨询专员、部门经理定期为部门员工进行心理疏通以及开展各种公司户外活动的方式。由于市场竞争越来越激烈，员工的压力也越来越大，员工的心理问题也越来越多，因此公司管理者应加大对员工心理健康的重视。

信任需要做到用人不疑

"用人不疑，疑人不用"这句话用在员工激励中同样适用，这要求管理者对员工进行岗位聘任，是基于相信员工能力胜任岗位工作，对员工工作任务的安排，也是基于信任员工能够完成任务。信任员工也需要一些方法。

（1）不因一时失误全面否定员工。当员工某项工作进展不顺时，管理者不应立即否定员工，草率地更换项目负责人，更不应因此抹杀该员工过去的成绩。相反，管理者此时应信任员工，保持将工作交付给该员工的初衷，相信不顺只是暂时的，最终他可以顺利完成工作，并给予员工一定的鼓励和开导，这时管理者的信任，就会成为员工最大的动力。

（2）对于"外来"员工一视同仁。所谓"外来"员工是指从其他公司或竞争对手那里来的员工。对于这类员工，管理者应撇开其他因素，注重员工的能力考查，对于确实有能力的，应大胆启用，委以重任。这也是一个优秀管理者气度的体现。

（3）部分员工工作免检。指对于员工的每项工作，公司管理者或部门经理不用事无巨细地进行严格检查，这样是对员工的不信任，也没法彻底让员工真正独立工作。因此，管理者和部门经理应适当让员工独立，对于一些员工能力完全可以完成的工作不应逐项检查。

（4）责任分明。指当员工因为某些客观原因遭受挫折和失败时，管理者和部门经理应具体情况具体分析，并敢于承担自己的责任，不能平白无故地将所有责任都归咎于员工，让员工变成替罪羊。

授权激励，信任的最好表现是授权

授权激励，是指管理者通过对员工授予更高的权力来激发员工的潜力和积极性，促使其创造更好的成绩。管理者的授权是对员工能力最大的肯定和信任，而如何做到对员工的有效授权，是管理者不得不了解的一门学问。

1.授权是什么

授权不是简单粗暴地将权力给予任意一个人，也不是将所有权力都给予被授权人，授权有以下4个要素。

◆ **授权是通过他人达成工作目标**：授权是让被授权人围绕部门经理或公司管理者设定的目标进行工作，而不是让授权人自发地去做别的事情。

◆ **授权只是授予权力**：授权不授责。授权并不让授权人通过对被授权人的权力授予而进行自我免责，部门经理对部门内所有的事项都应负主要责任，公司管理者对公司内所有事项负主要责任。

◆ **授权要有适当的权限**：授权应当同时授予被授权人负责事项所要用到的相应权限。

◆ **授权要授予决策权**：授权是将授权事项全权交由被授权人处理，那么就要将该事项涉及的所有决策权也交由被授权人，让其就具体事项有充分的决定权。

2.哪些事项可以授权，哪些不可以授权

并不是公司内部所有工作都适合授权，都能授权，管理者和部门经理需要了解授权事项的界限，才能做到正确授权。

（1）可以授权的工作。公司日常工作和活动、需专业技术解决的问题、特定领域事项的决定、项目的监管、某一工作指标任务的完成、报告准备和代表出席内外部会议等。

（2）不能授权的工作。公司或部门整体计划、人事问题、部门内部纠纷、发展和培养人才和被授权人没有能力承担的工作等。

3. 有效授权的实施步骤

授权并不是一蹴而就的，授权前后都需要进行一系列的工作来支撑和保证授权的有效性。一般来说，有效授权需要经历以下 5 个步骤，如图 9-1 所示。

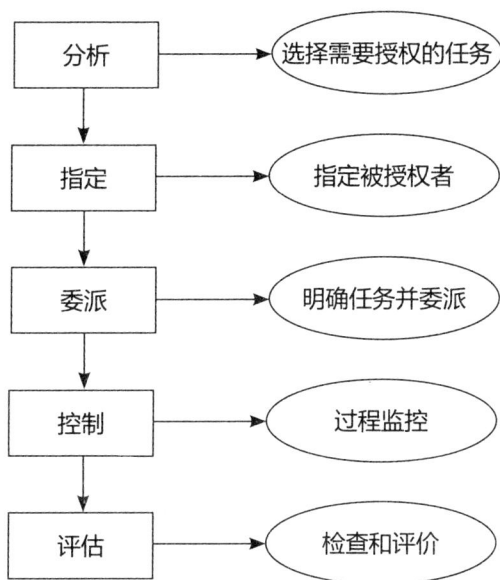

```
分析   →   选择需要授权的任务
  ↓
指定   →   指定被授权者
  ↓
委派   →   明确任务并委派
  ↓
控制   →   过程监控
  ↓
评估   →   检查和评价
```

图 9-1

其中，在有效授权的第一个步骤中，选择需要授权的任务时，管理者或部门经理应首先将自己手头的工作划分为 3 个类别：一是手头上存在但不用完成的工作；二是手头上存在且可以由其他人完成的工作；三是手头上存在但只能由自己完成的工作，进行授权的部分应该是第二部分工作，即手头上存在且可以交给其他人完成的工作。

4. 有效授权的要点

管理者要做到有效授权，还需要在授权时明确告知被授权人如下所示的一些要点。

◆ 授权事项的具体内容是什么。

◆ 授权事项需要什么时候完成。

◆ 完成授权事项需要到哪里寻找资源。

◆ 谁可以在授权事项完成过程中提供帮助。

◆ 具体应该从哪些方面去做。

◆ 这项工作以前的情况是怎么样的。

◆ 会涉及的工作程序有哪些。

5. 有效授权的检查标准

管理者和部门经理在完成授权后，要想知道自己是否做到了有效授权，可以通过一些标准来进行检验，如图 9-2 所示。

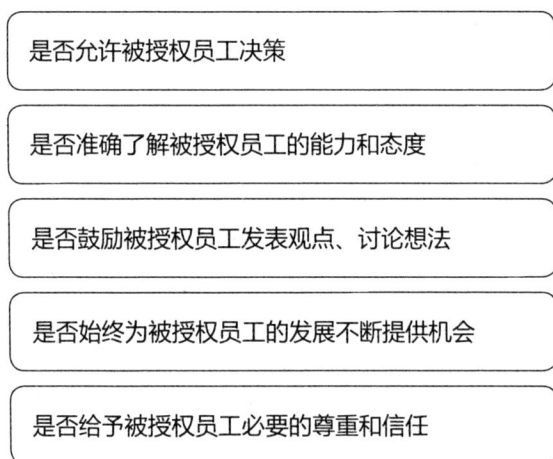

是否允许被授权员工决策

是否准确了解被授权员工的能力和态度

是否鼓励被授权员工发表观点、讨论想法

是否始终为被授权员工的发展不断提供机会

是否给予被授权员工必要的尊重和信任

图 9-2

MANAGER MUST LEARN

其他激励：
主流方式以外的激励

除了常用的主流激励方式之外，了解一些补充激励形式可以帮助公司管理者丰富激励机制，使激励机制更完善，覆盖范围更广。

赞美和参与激励——众人拾柴火焰高

每位员工的努力都希望被领导看见和肯定，如果公司管理者能善用赞美来激励员工，也许仅仅需要一句话就可以赢得员工的心。

对员工进行赞美的技巧

赞美就像兴奋剂，可以有效激发人的内在潜能。通过赞美，可以使外在行为逐渐演变成为员工的内在素质，产生长期行为，且职位级别越高，赞美作用往往就越大，因此公司管理者对于下属和员工的赞美对于激励员工是相当重要的。

在一项专业的激励研究调查中，通过对 1 500 名不同公司和岗位的员工进行询问，让他们说出心中认为最有效的激励因素，结果表明，排名第一的激励因素是上级的赞美。但同时又有数据显示，这 1 500 名调查对象中有超过 60% 的人表明自己没有被领导赞美过，由此可见管理者的赞美的重要性和必要性。赞美并不是盲目的，正确的赞美才能达到激励的效果，要正确有效地赞美员工，需要掌握一定的技巧。

1. 在第三者面前赞美员工

这种方式是一种间接赞美员工的方式，指的是管理者或上司不直接面对员工进行赞美，而是在第三人面前赞美员工，然后由第三人向被赞美员工转述管理者或上司的赞美。这种方法的效果往往比直接赞美员工更好，因为当面的赞美很有可能被当作客套，甚至可能会怀疑管理者和上司的目的。相反，间接赞美会更让被赞美人相信赞美的真实性，从而能够真诚地接受，并对管理者和上司报以感激。因此，真正懂得赞美的管理者和上级，应该懂得转述赞美的有力，并懂得运用这种赞美方式。

2. 及时赞美

赞美也有时效性。赞美是对员工工作能力、态度和效率等方面的认可，在员工圆满或超额完成工作之后及时进行赞美，不仅可以给员工带来兴奋感和满足感，使员工的激情可以长久保持，在接下来的工作中为了取得更好的成绩而更专注地工作，此时管理者和上级给员工提出的改进意见也更容易被接受。若赞美不及时，在员工热情退去之后，赞美的作用也就所剩无几了。

另外，管理者和上司需要注意，赞美必须是在员工的某项工作完成之后进行的，一定不能提前，如果工作没有完成就对员工进行赞美，那赞美的基础大多是基于员工的工作态度或方式作出的，不会有太大的作用，有时可能还会增加员工的压力。

3. 真诚并有针对性的赞美

每位员工都希望得到管理者和上司的赞美，但每位员工都不希望得到表面虚假的赞美。管理者和上司的赞美应是基于具体事实作出的，是深思熟虑的结果，而不应该是一时兴起，随便说说。例如，在赞美员工有能力的时候，不能仅仅用一句有能力一带而过，应该说明员工能力表现在哪些方面，是执行力强、效率高还是工作细心或是业务能力强，或者举出具体的实例来说明员工能力强的表现。如果只是泛泛地称赞他的工作能力，就像是将一捧沙放进沙漠，起不到任何实际作用。

所以管理者和上司对员工的赞美一定要以事实为前提，如果确实不了解实际情况，那就可以从具体事物入手，比如可以谈谈对员工的初始印象中好的方面，对员工上交但还没细看的报告，可以称赞对方的格式清晰。总之，赞美要符合事实，且越细致越好，没有实际事例作为基础的赞美不如不说。

4. 公开赞美

公开赞美包括两种情况，一是在公开场所对员工赞美，比如公司员工大会上；二是用公开的方式对员工进行赞美，比如公司内部通报表扬和内部公示等。一位知名企业家就这样说过："如果我看到一位员工工作很出色，我会很兴奋。我会冲进大厅，让所有其他员工都看到这个人的成果，并且告诉他们，如何把工作做好。"

很多公司都经常采用表彰大会的形式对员工进行表扬，号召其他员工向被表扬员工学习。当着其他员工赞美员工不仅可以鼓励被赞美员工，还可以给其他员工树立榜样。对单个员工进行赞美，作用会更加明显。

适当给员工"戴高帽"

莎士比亚曾说过："假定一种美德，如果他没有。最好是假定，并公开地说对方有你要他发展的美德，给他一个好名誉去实现，他便会尽力去做，而不愿看到你失望。这也说明了戴高帽的作用，给予员工适当的高帽，时间久了就可能会成为真帽。

有这样一个故事。陈太太想聘请一位女佣，便打电话给那位女佣的前任雇主，询问了一些关于女佣的情况，得到的评语却是贬多于褒。女佣到任的那一天，陈太太说："我打电话询问了你的前任雇主，她说你为人诚实牢靠，而且厨艺很好，唯一的小缺点就是打扫比较马虎，总是把房子弄得脏兮兮的，我想她的话并不一定可以全信。你穿得很整齐，人人能够看得出。我相信你一定会把家里照料得井井有条，同你的人一样整齐干净。你也一定会和我相处得很好。"最后，她们果然相处愉快，女佣也真的把家里扫除得干净清洁，而且工作十分勤奋。

这个故事说明了如果对方得到你的尊敬，并且你对他的某种才能表现认可，他就很容易受到指引。因此，如果管理者要得到员工的信服，就要记住：给员工一个美名，并使之尽力达到并保持。

戴高帽看似简单，其实最难。如果处理不当，很有可能会弄巧成拙。因此公司管理者在给员工戴高帽时需要注意度的把握。对于不了解的员工，公司管理者和上司不应随意给员工高帽，而应在对员工进行深入了解之后，再把高帽给予员工。高帽是美丽的谎言，必须是员工能相信和接受的，不能过于离谱。如果管理者或上司对一个入职不久的新员工说他是未来部门经理的人选，那肯定是不合适的，也得不到员工的信任。

寻找员工的闪光点

有的管理者会经常感叹自己公司缺少优秀人才，但其实只是没有去努力发现员工的优点而已。在建筑工人眼里，没有无用的沙粒；在木工眼里，也没有无用的木材。看人所短，再好的员工都是庸才；看人所长，所有员工就都是人才。

没有平庸的人，只有平庸的管理。高明的管理者，会承认员工的不平庸，并在此基础上发现每位员工的特殊价值，并进行引导和开发。主要做法如下。

1. 发现员工显性优势

公司管理者需要注意，不要因为过于注重员工潜能的开发而忽略了员工现有的优势。和潜在优势相比，员工已经表现出来的优势更容易快速转化为生产力。研究表明，人的天赋是通过他的思维、感觉和行为体现出来的，当一个人对某件事情怀有热情且做起来非常流畅，那这就是他的优势。

所以，如果管理者和其他领导能够深入了解员工，就能很轻易地找出员工的显性优势。例如有的员工很擅长与客户沟通，化解矛盾和纠纷；有的员工执行力很强，适合按照具体的任务和规划完成工作；有的员工组织能力很强，能够全面地组织公司内部的各种会议和活动，一旦公司管理者发现员工的这些优势，就应把重点放在优点的利用上，而不是更多地注重于员工缺点的修改。

2. 换个角度看员工的缺点

有这样一种说法："垃圾是放错了地方的宝贝。"这用在员工的优缺点上同样适用，有的缺点从道德方面确实看来是不足的，但在工作中却能加以利用。比如斤斤计较是一个缺点，但管理者却可以将员工作为仓库或产品、物料的管理人员；吹毛求疵是一个缺点，但管理者可以将吹毛求疵的员工作为产品的质检员。这些看似缺点的特点被正确利用，也可以变废为宝，此外，还可以对拥有这些缺点员工起到额外的激励作用，让员工更积极负责地投入到工作当中。

3. 在尝试中发现员工潜能

潜能和显性优势不一样，它无法直接表现出来，需要管理者通过一些方法来挖掘。杰克·韦尔奇说过："要相信员工，员工的潜能超乎你的想象，只要你肯挖掘，你就会得到一笔惊人的财富。"

员工潜能的挖掘是一个长期的过程，它往往需要在不断的尝试和实践过程中才能得到。尝试让一个销售人员去组织公司活动，活动成功了，管理者就会发现该员工潜在的组织能力；尝试让一个行政人员去进行客户回访，管理者就会发现该行政员工潜在的沟通和服务能力。诸如此类，员工的潜能更多的是通过实际的工作去显性化，员工潜能的发现过程，也是其能力的锻炼过程。

把员工变成参与者和局内人

最好的激励效果是每位员工都变成公司的管理者，只有这样，员工的一切行为才会以公司的利益为出发点，才能全身心地为公司发展而奉献。而这一切的前提，是要让员工参与到公司中来。每个员工都希望能感受到他们是公司成功道路上不可分割的一部分。

能够留住优秀员工的公司，对待员工就像是对待宝贵的合作伙伴，会让员工尽量参与到公司的发展和决策中，与员工共同迈向企业的成功之路。增加员工参与感最好的方式，就是让员工参与公司的决策，而要让员工参与决策，有两种简单方法就可以做到。

1. 让员工了解公司决策及原因

公司的各项决策都是需要员工来具体实施的，因此，管理层在决定了公司各项决策之后应该统一告知全体员工，尤其是决策涉及当事人和利益相关者，比如若公司要调整员工的某项福利，那么就涉及全体员工的利益，应将该决定告知所有员工，此外，还应告知员工做出此项决策的原因，若是增加福利，那么就可能是因为公司经营状况较好，盈利增加，或是为了留住和吸引员工。

若是减少福利，那么就可能是因为公司经营状况变差，盈利减少，因为不得不缩减成本。不管是作出什么决策，都应该告知员工决策的原因，而不是仅仅告知结果，这样可以使员工更加理解管理层所做的决策，也可以让员工感受到公司是尊重他们，顾及他们的感受的，自己在这个决策中也是有参与感的。

2. 让员工尽量地参与决策

这是增加员工参与感的主要方式，作用也更加明显。让员工尽量地参与公司决策也是民主管理的体现，如果参与决策的人员范围过窄，那么决策更多地就是管理层的意志体现，无法体现员工的参与。相反，如果尽量让员工参与决策，就会极大地扩大决策人员的范围，让员工感觉自己与公司的发展紧密相关，从而把自己当作公司的一部分。此外，这样的决策也更加民主，员工能更好地理解和执行。

充分尊重和满足员工的知情权

一般来说，公司有保障员工基本知情权的义务，公司的重大决策以及有关员工切身利益的问题都应充分告知员工。具体来说，当出现以下情况时，公司应告知全体员工。

1. 员工对公司重大决策具有知情权

公司重大决策是指与公司发展有重大关系的决策，包括公司改革、裁员、合并、收购或被收购等重大事项。针对公司改革，应就改革内容、目的及改革方案等内容充分告知全体员工；针对裁员，应就裁员原因、标准及最终结果等充分告知全体员工；针对公司吸收合并其他公司的，应将合并后的公司名称变更、业务变更、部门变更及人员变更等情况充分告知全体员工；针对公司因经营不善或其他原因而被其他公司收购的情况，应将被收购后公司员工的安排、薪酬的变动和结算及员工的补偿等事项充分告知员工。

2. 员工对切身利益相关事项具有知情权

与员工切身利益相关事项主要是指与员工的经济利益和未来发展有关的事项。主要包括工资和奖金的分配、福利制度制定和变更以及员工培训计划等。

针对员工工资和奖金的分配，应对所有员工公开，不便对全体员工公开的，那么处于同一核算方式和标准下的员工之间应进行公开，比如针对某一部门的工资和奖金分配，在部门内部应该是完全公开的；针对公司的福利制度，应该对公司全体员工公开，且所有员工的福利内容和标准应是一致的，可因不同职位级别不同适当差异化；针对员工培训计划，应将培训计划的内容、时间、参与对象和培训目的等告知员工。

知情权是员工的基本权利，公司管理者在保障员工知情权的同时还应注意知情权的平等性，针对同一级别的员工来说，如若满足一部分员工的知情权，而没有满足另一部分员工的，就会导致知情权分布不均，容易产生内部矛盾。

挫折激励——负面激励的补充

挫折可以帮助员工迅速成长。能够克服挫折的员工，无论工作能力还是工作状态都能较大程度地改善和提高。因此，公司管理者可以通过挫折激励给予员工较大程度的锻炼。

"三明治式"批评

"三明治式"批评是指将批评的内容夹杂在表扬之中，使被批评对象更容易接受批评的方式。这种方式是将批评像三明治一样分为三层，将批评夹杂在两层厚厚的表扬之中，即：第一层是认同和肯定；第二层是批评和建议；第三层是鼓励和信任。这种方式可以在不打击被批评对象自尊心的前提下让其更积极地接受批评并改正不足。使用这种方式时将以上三道程序组合在一起即可。

1. 认可对方让人满意的地方

在对员工进行批评时，应首先找出其亮点进行肯定，这是批评的技巧，也是对员工的尊重。如果管理者要对员工的客户开发和销售业绩进行批评，在批评之前可以这样对其进行肯定，例如："你的工作报告和报表做得很好，及时性和准确率都很高，数据也很全面可靠，通过你的报表我可以很容易并且很及时地了解公司各部门业务的进度，你在报告中所提的几条建议也很中肯，对于业务改善方面很有用，大家都把他们运用到了工作中，对个人和公司都起到了较大帮助。"

2. 指出不足并批评

认可和赞美员工之后，就要通过适当的过渡指出员工的不足之处，针对上面的例子，可以这样继续："但是，你在工作中还存在两个小问题，如果这两个问题解决了你的能力肯定可以更上一层楼，其中一个问题是你的新客户开发数量还比较少，没有达到去年的预期目标，另外一个问题就是由于新客户数的不足导致了销售额较少，与预期计划差距较大。这两个数据如果接下来得不到改善的话可能就会很大程度地影响你后面的工作。对于这两个问题你有什么想法吗？"

3. 对被批评对象进行鼓励

批评不是目的，改正才是目的。因此，在对员工进行批评之后管理者和部门领导还要给予相应的鼓励，激发员工的积极性，这样才能达到批评的目的。鼓励可以从 3 个方面进行，一是描述改进不足之后对该员工甚至公司有什么样的好处；二是说明你期望该员工作出什么样的改进，或者对该员工的改进方向和计划作一些建议和指导；最后表达对员工的信任。

对此，上面的例子可以这样继续："如果你的新客户开发可以达到或超过预期目标，将新客户增加 20% 的话，你的销售额也会随之增加一倍，这样你的销售目标就可以超额完成。此外，如果通过你的努力，影响到其他员工，使每位员工的新客户开发和销售额都达到预期目标的话，公司整体的销售额和销售收入都会有至少30%的增长，这个数据是极其可观的。所以你目前应该把工作重点都放在新客户开发上面，多拓展一些客户渠道或者增加一些客户转介绍，把新客户的量做上来。我相信以你的能力是绝对可以做到的，有什么困难可以随时跟公司提，公司会给予最大程度的支持。"

必要的斥责和处分

"没有规矩，不成方圆。"必要的斥责和处分是管理者进行公司管理的保障措施，适时的斥责和处罚能更好地约束和激励员工。必要的斥责和处分与"三明治"式批评类似，不过"三明治"式批评更多的是对问题的复述，而必要的斥责和处分是将在"三明治"式批评的基础上将批评进一步细分，更详细地列出有效批评的步骤，具体如图10-1所示。

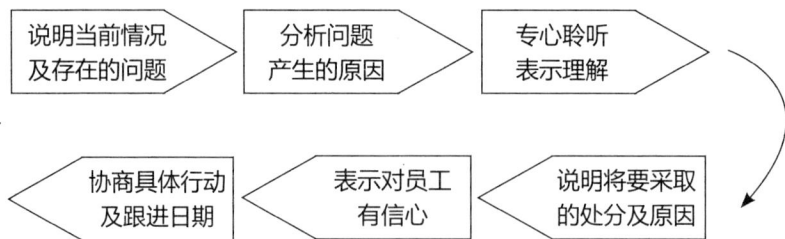

图 10-1

（1）说明当前情况及存在的问题。就某项工作情况进行说明，以完成情况为主要说明内容，完成了的，重点说明过程中遇到的问题；没有完成的，重点说明未完成原因。

（2）分析问题产生的原因。对于完成了工作且在过程中遇到问题的，应分析问题是常见问题还是首次出现的问题；未完成工作的，分析导致工作不能完成的最大原因是什么。

（3）专心聆听，表示理解。管理者或部门经理应对员工提出的问题和原因进行仔细聆听，充分理解员工所述内容。

（4）说明将要采取的处分及原因。主要是针对没有完成工作的员工来说，首先依据公司相关的制度或政策对员工进行处分，没有制度规定的，管理者和部门经理可视实际情况给予适当的处分，部门经理给予员工的处分应经过管理者同意。

（5）表示对员工有信心。对于没能较好完成工作而受到处分的员工，管理者或部门领导应给予员工一定的鼓励，给员工传递相信他们可以很好完成接下来的工作的信心。

（6）协商具体行动及跟进日期。明确处分措施之后要将处分的实施内容和日期明确告知被处分员工，同时还应确定未来工作改进的实施和考核期间。

适时的明升暗降

对于一些能力有限，工作态度还不积极的员工，公司管理者可以采取给予员工明升暗降的闲职的方式来对员工进行负面激励，这时激励的效果往往好于正面激励的效果。当管理者遇到以下 3 种员工时，就可以考虑采用明升暗降来激励员工。

1. 员工不执行决策，或决策执行不力

这种情况通常表现为公司的正确决策不能得到有效实施和向下传

递。比如，公司实行新的薪酬制度，将部门员工薪酬多少的决定权完全交由部门经理决定，但某部门经理对该制度不愿意执行。这时就可以考虑对该部门经理进行明升暗降，由真正有执行力的人来代替他的位置。

2. 员工能力有限且不愿意学习新事物

公司内会存在一些觉得自己经验丰富而不愿意继续学习新事物的员工，这样的员工往往不能适应市场环境和公司的发展。因此，若将此类员工放在重要岗位上肯定会影响整个业务的工作效率，此时就可以将其从原岗位上调离，给他一个闲职，让真正有能力且愿意学习的人来代替。

3. 恃才傲物的员工

这类员工一般都过于骄傲，不接受领导和安排，也不能正视自己的错误，不利于团队合作。若长此以往，还可能会影响部门和整个公司员工的工作状态和积极性。

只有将合适的员工放在合适的位置才能保证公司人才资源的合理配置，也才能发挥人才的最大效用，因此对于公司管理者来说，合理配置人才资源，懂得适时对员工岗位进行调整是至关重要的。管理者在对员工进行明升暗降时可以参考以下案例。

有一家生产衬衫的公司，公司衬衫销量很好，负责研发的部门经理在公司内部也很有威望和地位。但随着市场竞争过于激烈，公司决定实现将主要业务从生产衬衫到 T 恤过渡的战略转型。为此，公司必须设计新的产品，但此时研发部经理却不愿意遵循公司的战略决策，不愿意改变，而该公司管理者考虑到他们曾一起创业，也不忍心炒掉他，于是，又成立了研发二部，另找了一个研发工程师负责。但在工作开展过程中还是遇到了问题，原研发部经理负责图纸资料和设计工具领取的审批，于是他拒绝给予新的研发部相应的材料支持，使得其工作很难开展。公司为了解决这一问题，就给予了原来的研发经理研发总监的职位，但不再给予其实质性权力，实权都给予了新的研发经理。这样，看似他的职位级别提高了，但实际权力却小了很多，公司的业务开展也更顺畅了。

从以上案例可以看出，有效的明升暗降也是优化公司内部资源配置的一种手段，有助于公司岗位和人员的相互匹配，优化人员结构，还可以借此提高工作效率。

打消员工的过分自信

公司和部门内部不可避免地会存在一些过度自信的员工，如果放任员工这种状态，很有可能就会因此影响到部门或公司内部的其他员工。此时，管理者就应采取一些措施来打消员工的过分自信，使其形成正确的自信观念。具体方法如下。

（1）让他犯一个可以弥补的错误。对于过分自信的员工，犯错是其认识自己不足的最直接方法。对此，管理者可以给其制造一些犯错的"机会"。但同时需要注意，打击并不是目的，因此，在制造犯错机会时应把握度，选择可以弥补且不致命的错误，这样才能激励员工想办法弥补。

（2）借用第三方力量打击员工。指对于过分自信的员工，当直属上司的威慑力不够时，可以借用第三方力量来对其进行打击。这里的第三方力量主要是指更高上级或客户的力量。

（3）为其安排难度较大的工作。过分自信的员工往往妄自尊大，通常认为自己的能力超过其他员工。对此，公司管理者可以对症下药，安排难度较大，凭其能力很难完成的工作给他，让他在实际工作中认识到自己的能力是有限的，是需要不断学习的。下面来看一个案例。

某公司市场部的李主管是一个很有能力但同时又极其自信的人，常常是想好了一个创意就认为一定能行，而且要立即实施，很难听取其直属领导市场部经理的意见。在一次促销活动中，他和一家广告公司达成了初步合作协议，但尚未签订正式合同。此时市场部经理就协议内容某一条款的可行性提出了异议，但李主管坚决表示条款没有任何问题，部门经理见他态度坚决，就想让他放手去干，挫一挫他的锐气。

之后该活动在实施过程中，果然出现了部门经理指出的问题，促销环节没有得到有效执行。促销环节不能执行，促销活动效果就会大打折扣，公司宣传力度就会受到影响，因此，李主管不得不求助于部门经理。他早就对此提前做好了准备，只等李主管主动承认错误。，最终部门经理很好地解决了这一问题通过这件事情，该部门经理在有效控制公司损失的同时给予了李主管最大的教训，最终使得李主管改正了自己过分自信的缺点，更加虚心听取别人的意见。

总之，管理者在对员工进行挫折激励后，一般可以促使员工产生3种类型的积极态度：一是会使得员工在遇到挫折后冷静分析原因，并作出对应的改变，调整自己的思想和行为；二是遇到挫折后员工会对自己能力有清晰的认识，承认自己能力的不足，从而正视自己的需要；三是可以让员工树立不灰心不丧气的态度，使其更坚强勇敢地追求自己的目标。

读 者 意 见 反 馈 表

亲爱的读者：

感谢您对中国铁道出版社的支持，您的建议是我们不断改进工作的信息来源，您的需求是我们不断开拓创新的基础。为了更好地服务读者，出版更多的精品图书，希望您能在百忙之中抽出时间填写这份意见反馈表发给我们。随书纸制表格请在填好后剪下寄到：北京市西城区右安门西街8号中国铁道出版社大众出版中心 吕芝 收（邮编：100054）。或者采用传真（010-63549458）方式发送。此外，读者也可以直接通过电子邮件把意见反馈给我们，E-mail地址是：lvwen920@126.com。我们将选出意见中肯的热心读者，赠送本社的其他图书作为奖励。同时，我们将充分考虑您的意见和建议，并尽可能地给您满意的答复。谢谢！

- -

所购书名：_____

个人资料：

姓名：_____ 性别：_____ 年龄：_____ 文化程度：_____

职业：_____ 电话：_____ E-mail：_____

通信地址：_____ 邮编：_____

- -

您是如何得知本书的：

□书店宣传 □网络宣传 □展会促销 □出版社图书目录 □老师指定 □杂志、报纸等的介绍 □别人推荐
□其他（请指明）_____

您从何处得到本书的：

□书店 □邮购 □商场、超市等卖场 □图书销售的网站 □培训学校 □其他

影响您购买本书的因素（可多选）：

□内容实用 □价格合理 □装帧设计精美 □带多媒体教学光盘 □优惠促销 □书评广告 □出版社知名度
□作者名气 □工作、生活和学习的需要 □其他

您对本书封面设计的满意程度：

□很满意 □比较满意 □一般 □不满意 □改进建议

您对本书的总体满意程度：

从文字的角度 □很满意 □比较满意 □一般 □不满意
从技术的角度 □很满意 □比较满意 □一般 □不满意

您希望书中图的比例是多少：

□少量的图片辅以大量的文字 □图文比例相当 □大量的图片辅以少量的文字

您希望本书的定价是多少：

本书最令您满意的是：

1.
2.

您在使用本书时遇到哪些困难：

1.
2.

您希望本书在哪些方面进行改进：

1.
2.

您需要购买哪些方面的图书？对我社现有图书有什么好的建议？

您更喜欢阅读哪些类型和层次的计算机书籍（可多选）？

□入门类 □精通类 □综合类 □问答类 □图解类 □查询手册类 □实例教程类

您在学习计算机的过程中有什么困难？

您的其他要求：